中国成语印谱

★第六卷

杨桂臣 编著

中国第一部立体成语词典

辽宁教育出版社

目录

K

L

M

N

O

P

Y

Z

病树前头万木春		【病树前头万木春】bìng shù qián tóu wà mù chūn 春：草木萌发的意思。沉舟旁边有许多帆船驶过，枯树前面长着茂密的树木。语出唐·刘禹锡《刘梦得诗集·酬乐天扬州初逢席上见赠》。比喻腐朽的事物周围，新生的事物仍然不断成长。
毕其功于一役		【毕其功于一役】bì qí gōng yú yī yì 毕：尽，完成。一次战役就完全成功或一下子把几项任务都做完。
天道酬勤		【天道酬勤】tiān dào chóu qín 出自《论语》。“天道”即“天意”。“酬”即酬谢、厚报的意思，“勤”即勤奋、敬业的意思，就是说天意厚报那些勤劳、勤奋的人 。
放眼世界		【放眼世界】fàng yǎn shì jiè 放眼：放开眼界，目光不局限在狭小范围内。放开眼界，纵观天下。也作“放眼乾坤”。

至亲好友		【至亲好友】zhì qīn hǎo yǒu 最密切的亲人，最要好的朋友。
宽宏大量		【宽宏大量】kuān hóng dà liàng 宽宏：指度量大。量：度量。形容人度量大。宏，也作“洪”。元·无名氏《渔樵记》三折：“我则道相公不知打我多少，元来那相公宽洪大量。”
振兴中华		【振兴中华】zhèn xīng zhōng huá 解释：原为孙中山在建立兴中会时提出的挽救国家危亡的口号。现指奋发图强，使祖国更加繁荣强大。
大千世界		【大千世界】dà qiān shì jiè 佛教用语。指以须弥山为中心，以铁围山为外部，是一个小世界，一千个小世界合起来就是小千世界，一千个小千世界合起来就是中千世界，一千个中千世界合起来就是大千世界。《五灯会元·释迦牟尼佛》：“遍观三千大千世界，觅普贤不可得见。后用来指广阔无边的世界。”唐·和太虚《洞阳峰》诗：“丈五月轮才晃曜，大千世界便辉光。”

瞠乎其后		【瞠乎其后】chēng hū qí hòu 瞠：瞪着眼睛。在后面瞪着眼睛。形容落在后面追赶不上。《庄子·田子方》："夫子步亦步，夫子趋亦趋，夫子驰亦驰，夫子奔逃逸绝尘，而回瞠若乎后矣！"
安步当车	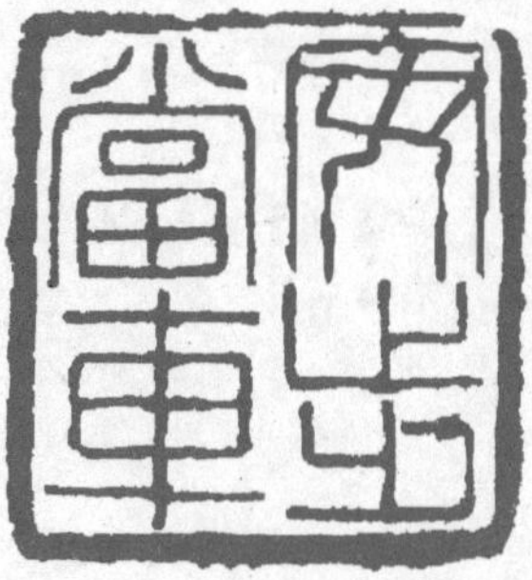	【安步当车】ān bù dàng chē 安步：慢步行走。以慢步行走当作坐车。《战国策·齐策四》："晚食以当肉，安步以当车，无罪以当贵，清净贞正以自虞。"
鄙吝复萌		【鄙吝复萌】bǐ lìn fù méng 鄙吝：这里指庸俗；萌：植物的芽，引申为发生。庸俗的念头又有所滋生。《后汉书·黄宪传》："时月之间，不见黄生，则鄙吝之萌复存乎心。"
爱不释手		【爱不释手】ài bù shì shǒu 喜爱得不愿放开手。形容十分喜爱。

地利人和		【地利人和】dì lì rén hé 《孟子·公孙丑下》：“天时不如地利，地利不如人和。”意为在获胜的各种因素中，机会好不如地形好，地形好又不如得人心。后以“地利人和”指优越的地理条件和良好的群众关系。《三国志·吴书·董袭传》：“讨虏承基，大小用命，张昭秉众事，袭等为爪牙，此地利人和之时也，万无所忧。”
宽打窄用		【宽打窄用】kuān dǎ zhǎi yòng 用得少，计划或准备得多。
戒骄戒躁		【戒骄戒躁】jiè jiāo jiè zào 戒：防备，防止。警惕骄傲自满，防止产生急躁情绪。
匕鬯不惊		【匕鬯不惊】bǐ chàng bù jīng 匕：匕是古代的一种勺子，鬯是古代祭祀时用的一种酒，匕鬯指宗庙祭祀。《周易·震》：“震惊百里，不丧匕鬯。”意思是军队威震四方，但宗庙祭祀活动照常进行，不受干扰。后用“匕鬯不惊”形容军队纪律严明，所到之处，社会安定，百姓不受惊扰。

扬汤止沸		【扬汤止沸】yáng tāng zhǐ fèi 把开水从锅中舀出来，再倒回去，以阻止锅中的水沸腾。比喻办法不彻底，不能从根本上解决问题。汉·枚乘《上书谏吴王》："欲汤之沧，一人炊之，百人扬之，无益也。不如绝薪止火而已。"
信笔涂鸦		【信笔涂鸦】xìn bǐ tú yā 唐·卢仝《示添丁》诗："忽来案上翻墨汁，涂抹诗书如老鸦。"后用"信笔涂鸦"形容书写拙劣或胡乱写作。常用作自谦之词。清·李渔《意中缘·先订》："僻处蛮乡，无师讲究，不过信笔涂鸦，怎经得大方品骘。"
养虎遗患		【养虎遗患】yǎng hǔ yí huàn 遗：留下。《史记·项羽本纪》记载，楚汉双方鸿沟为界停战后，项羽带着兵向东方去，刘邦也想带兵回西方去，张良、陈平就跟刘邦说：项羽的兵都很疲乏，粮食也用完了，正是消灭他们的最好时机。如果让他们回去，"此所谓'养虎自遗患'也"。比喻纵容敌人，留下后患，自己反受其害。
心惊肉跳		【心惊肉跳】xīn jīng ròu tiào 形容十分惊恐。多指因担心灾祸临头而恐慌不安，肌肉抽搐。《野叟曝言》六十一回："素臣此令不说犹可，一说出来，直吓得木四姐心惊肉跳，目定口呆，进退无门，差愧无地。"

仗势欺人		【仗势欺人】zhàng shì qī rén 仗：依靠。依靠权势欺压人。元·王实甫《西厢记》五本三折："他凭师友君子务本，你倚父兄仗势欺人。"
语焉不详		【语焉不详】yǔ yān bù xiáng 语：说话。焉：文言虚词。虽然谈到了，但说得不详细。唐·韩愈《原道》："荀与扬也，择焉而不精，语焉而不详。"
欲取姑与		【欲取姑与】yù qǔ gū yǔ 姑：暂且。将：要；欲：想，希望；与：给。要想占有它，必须先给与它。《老子》三十六章："将欲夺之，必固与之。"《战国策·魏策一》引《周书》："将欲取之，必姑与之。"
冤家路窄		【冤家路窄】yuān jiā lù zhǎi 冤家：仇人。指仇人或关系不睦的人，虽不愿相见，却偏偏遇见。《西游见》四十五回："今日还在此间，正所谓冤家路儿窄也！"

烟云过眼		【烟云过眼】yān yún guò yǎn 宋·苏轼《宝绘堂记》："譬之烟云之过眼，百鸟之感耳，岂不欣然接之，去而不复念也。"意思是烟云从眼前掠过，以后就不再想念。原来比喻身外之物，可以不加重视。后来比喻很容易消失的事物。
穴居野处		【穴居野处】xué jū yě chǔ 居住在洞穴里，生活在荒野中。形容原始人的生活状况。也指野外生活。《周易·系辞下》："上古穴居而野处，后世圣人易之以宫室。"
胸中无数		【胸中无数】xiōng zhōng wú shù 指对情况了解不清楚，心里没底。
秀色可餐		【秀色可餐】xiù sè kě cān 晋·陆机《日出东南隅行》："鲜肤一何润，秀色若可餐。"后用"秀色可餐"形容女子姿色十分秀丽。明·孙柚《琴心记·赍金买赋》："小姐，你不惟秀色可餐，这文词益妙，真个女相如也。"

有教无类		【有教无类】yǒu jiào wú lèi 无类：不分类别。《论语·卫灵公》："子曰：'有教无类。'"指不论什么人都可以受到教育。《宋史·陈彭年传》："有教无类，自诚而明。"
有机可乘		【有机可乘】yǒ jī kě chèng 机：机会。乘：趁。有机会可以利用，指有空子可钻。《宋史·岳飞传》："其或襄、邓、陈、蔡有机可乘，从长措置。"
因噎废食		【因噎废食】yīn yē fèi shí 废：停止。《吕氏春秋·荡兵》："有以噎死者，欲禁天下之食"比喻因为碰到挫折，连该做的事情也不做了。唐·陆贽《奉天请数对群臣兼许令论事状》："昔人有因噎而废食者，又有惧溺而自沉者，其为矫枉防患之虑，岂不过哉！"
因事制宜		【因事制宜】yīn shì zhì yí 根据不同的事情制定适当的措施。《汉书·韦贤传》："朕闻明王之御世也，遭时为法，因事制宜。"

信马由缰		【信马由缰】xìn mǎ yóu jiāng 骑在马上，不拉缰绳，由着马走。比喻无目的的闲逛或随意行动。《歧路灯》一四回："每日信马由缰，如在醉梦中一般。"
一差二错		【一差二错】yī chā èr cuò 指可能出现的差错。也指差错。《金瓶梅》八〇回："你实说便罢，不然，有一差二错，就在你这两个囚根子身上。"
眼高手低		【眼高手低】yǎn gāo shǒu dī 眼高：眼界高。手低：能力低。自己制定的标准很高，但实际能力却很低。魏巍《火凤凰》二："所谓不成器者，是眼高手低，志大才疏，写作不少，而发表不多之谓也。"
心广体胖		【心广体胖】xīn guǎng tǐ pán 广：开阔，坦然。胖：安泰舒适。《礼记·大学》："富润屋，德润身，心广体胖，故君子必诚其意。"原指心胸开阔坦荡，身体安泰舒适。后多用来形容心情开朗，无所牵挂，因而身体也发胖。宋·陈亮《与应仲实书》："古之贤者，其身危盖如此，此所以不愧屋漏而心广体胖。"

衣冠枭獍		【衣冠枭獍】yī guān xiāo jìng 枭：传说是吃母的恶鸟；獍：传说是吃父的恶兽。穿衣服戴帽子的禽兽。比喻忘恩负义、品德极坏的人。宋·孙光宪《北梦琐言》："苏楷人才猥陋，兼无德行，河朔士人，目为衣冠枭獍。"
元元本本	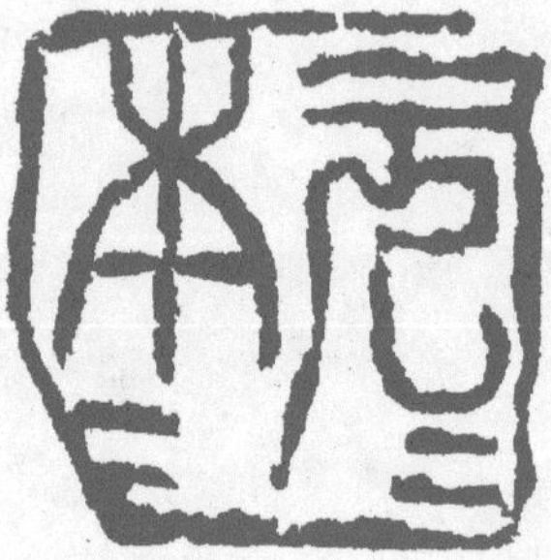	【元元本本】yuán yuán běn běn 元元：探索元始；本本：寻得根本。《文选·班固<西都赋>》："元元本本，殚见洽闻。"原意是把事物的根由底细摸得清清楚楚。现在用"原原本本"指事物的全过程或全部情况。
远走高飞		【远走高飞】yuǎn zǒu gāo fēi 走：跑。指像野兽那样远远跑开，像鸟那样高高飞走。比喻人去远方（多指摆脱困境）。《西游记》六五回："孙行者！好男子不可远走高飞！"
仗马寒蝉		【仗马寒蝉】zhàng mǎ hán chán 仗马：古代的立仗马，皇宫仪仗的立马，像皇宫门外的立仗马和深秋的知了一样。比喻一句话也不敢说。《旧唐书·李林甫传》："君等独不见立仗马乎！终日无声而饫三品刍豆，一鸣则斥之矣。"（饫，饱食。）

字里行间		【字里行间】zì lǐ háng jiān 梁·简文帝《答新渝侯和诗书》："风云吐于行间，珠玉生于字里。"后用"字里行间"指文章的某种思想感情没有直接说出而是通过文字透露出来。《官场维新记》二回："字里行间，略带些古文气息，方能中肯。"
趑趄不前		【趑趄不前】zī jū bù qián 趑趄：迟疑，不敢前进的样子。形容想走又不敢走，犹豫不进。
争权夺利		【争权夺利】zhēng quán duó lì 指争夺权力和利益。王火《战争和人》（一）卷一："看看这中枢所在地的南京吧！派系倾轧，争权夺利，恶狗抢夺肉骨头。"
知法犯法		【知法犯法】zhī fǎ fàn fǎ 知：懂得。法：法律。懂得某项法律条文或有关规定而故意违犯。指明知故犯。《野叟曝言》九回："乃敢阳托知恩报恩之名，阴行知法犯法之事，下既亏你一生行止，上复玷你祖父家风。"

自由自在		【自由自在】zì yóu zì zài 形容没有任何拘束和限制。唐·慧能《六祖大师法宝坛经·顿渐品》："自由自在，纵横尽得，有何可立？"
自惭形秽		【自惭形秽】zì cán xíng huì 惭：惭愧。形：形象，模样。秽：邪恶，丑陋。因为自己模样丑陋而感到惭愧。也泛指自己觉得不如别人而感到惭愧。《镜花缘》二〇回："山鸡起初也还勉强起舞，后来因见雀这条长尾变出五颜六色，华彩夺目，金碧辉煌，未免自惭形秽；鸣了两声，朝著云母石一头撞去，竟自身亡。"
记忆犹新		【记忆犹新】jì yì yóu xīn 犹：还。过去的事，至今还记得非常清晰，就像新近发生的事情一样。
仗义疏财		【仗义疏财】zhàng yì shū cái 仗义：讲义气。疏：分出。讲义气，不看重钱财。指用自己的钱财帮助别人，很讲义气。《水浒传》九回："仗义疏财欺卓茂，招贤纳士胜田文。"

以讹传讹		【以讹传讹】yǐ é chuán é 讹：错误。把本来就不符合实际情况的话又错误地传出去，越传越错。明·陆采《怀香记·诳传凶言》：“以讹传讹，纷然流谤”。
以手加额		【以手加额】yǐ shǒu jiā é 古人习俗，把手放在额头上，表示庆幸、高兴。宋·陈亮《与张定叟侍郎》：“近者晦庵入奏事，侍郎适还从班，行都父老莫不以手加额，不敢以意分先后。”
以直报怨		【以直报怨】yǐ zhí bào yuàn 直：正直。拿公平正直来对待自己怨恨的人。语出《论语·宪问》。
异口同声		【异口同声】yì kǒu tóng shēng 大家说的都相同。形容意见一致。晋·葛洪《抱朴子·道意》：“左右小人，并云不可，阻之者众，本无至心，而谏怖者，异口同声。”

庸中佼佼		【庸中佼佼】yōng zhōng jiǎo jiǎo 庸：指平凡的人；佼佼：美好。平常人中比较特出的。《后汉书·刘盆子传》：“卿所谓铁中铮铮，庸中佼佼者也。”
遗簪坠屦		【遗簪坠屦】yí zān zhuì jù 屦：鞋。掉落的簪和鞋。比喻旧物。
一误再误		【一误再误】yī wù zài wù 第一次已经错了，第二次又错了。形容屡犯错误。《宋史·魏王廷美传》：“太宗尝以传国之意访之赵普。普曰：‘太祖已误，陛下岂容再误邪？’”
饮醇自醉		【饮醇自醉】yǐn chún zì zuì 比喻与宽厚人交，不觉心醉。《三国志·吴志·周瑜传》：“性度恢廓，大率为得人，惟与程普不睦。”裴松之注引《江表传》：“普以年长数凌侮瑜，瑜折节容下，终不与校。普后自敬服而亲重之，乃告人曰：‘与周公瑾交，若饮醇醪（láo），不觉自醉。’”意思是以宽厚待人，使人甘心敬服。（醇醪，浓酒。）

臭味相投		【臭味相投】chòu wèi xiāng tóu 投：迎合。比喻思想、作风、爱好等相同，互相投合。多含贬义。《官场现形记》一九回：“他同刘大侉子偏偏住在一店，一问又是同乡、同班、同省。黄三溜子大喜，次日便拿了‘寅乡愚弟’的帖子，到刘大侉子房间里拜会。刘大侉子也是最爱结交朋友的，便也来回拜。自此二人臭味相投，相与很厚。”
虚席以待	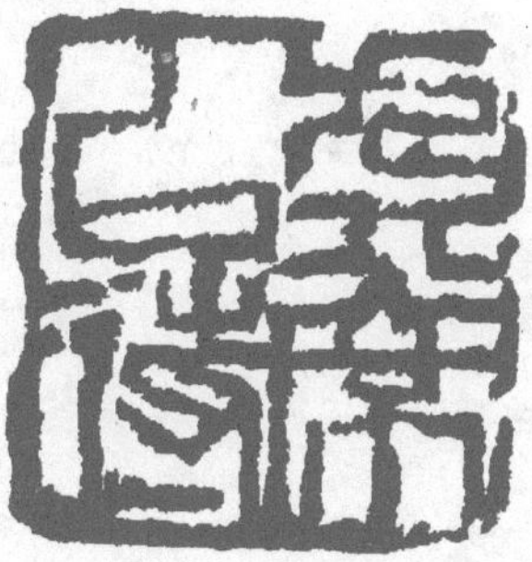	【虚席以待】xū xí yǐ dài 留出位置等待。宋·欧阳修《乞定两制员数杞子》：“遇有员阙，则精择贤材以充其选；苟无其人，尚可虚席以待。”
秀出班行		【秀出班行】 xiù chū bān háng 秀：特异，优秀；班行：同辈，同列。优秀超出同辈。唐·韩愈《昌黎先生集·唐故江南西道观察使洪州刺史太原王公神道碑铭》：“秀出班行，乃动帝目。”原来是说王仲舒在同朝诸官中最为突出。后泛用以形容才质优异，超过同辈人。
一臂之力		【一臂之力】yī bì zhī lì 指不大的力量、一部分力量。表示从旁帮一点忙。宋·黄庭坚《代人求知人书》：“不爱斧斤而斫之。期于成器，捐一臂之力，使小人有黄钟大吕之重。”

招摇过市		【招摇过市】zhāo yáo guò shì 招摇：故意制造声势，引人注意。市：街。指在公开场合故意制造声势，引人注意。含贬义。《史记·孔子世家》：“灵公与夫人同车，宦者雍渠参乘，出，使孔子为次乘，招摇市过之。”
欲盖弥彰		【欲盖弥彰】yù gài mí zhāng 盖：遮掩。弥：更加。彰：明显。《左传·昭公三十一年》：“或求名而不得，或欲盖而弥章，惩不义也。”章：同“彰”。后用欲盖弥彰“指想掩盖坏事的真相，反而让坏事更明显地暴露了。
栉风沐雨		【栉风沐雨】zhì fēng mù yǔ 栉：梳头。沐：洗头。用风梳头，用雨水洗头。形容人辛苦地四处奔波。《三国志·魏书·鲍勋传》：“移风易俗，莫善于乐。况猎，暴华盖于原野，伤生育之至理，栉风沐雨，不以时隙哉？”
正本清源		【正本清源】zhèng běn qīng yuán 正：整治，治理。正本：从根本上整顿。清源：从源头上清理。比喻从根本上清理整顿。《晋书·武帝纪》：“思与天下式明王度，正本清源。”

一衣带水		【一衣带水】yī yī dài shuǐ 水面像一条衣带那样窄。形容两岸虽然为水面所隔，但相距很近，往来方便。《南史·陈后主纪》："我为百姓父母，岂可限一衣带水不拯之乎？"
沿门托钵		【沿门托钵】yán mén tuō bō 钵：僧尼的食器；托钵：吃饭时以手托钵到施主家乞食。比喻挨家讨饭。也比喻到处乞求。
沿波讨源		【沿波讨源】yān bō tǎo yuán 波：水流。源：源头。循着水流，寻找水源。比喻根据线索探求事物的根源。南朝梁·刘勰《文心雕龙·知音》："夫缀文者情动而辞发，观文者披文以入情，沿波讨源，虽幽必显。"也作"沿流讨源"。
羞与为伍		【羞与为伍】xiū yǔ wéi wǔ 伍：同一伙的人。《史记·淮阴侯列传》："[韩]信由此日夜怨望，居常鞅鞅，羞与降（周勃）、灌（婴）等列。信尝过樊将军哙，哙跪拜送迎，言称臣，曰：'大王乃肯临臣！'信出门，笑曰：'生乃与哙等为伍'！后用"羞与为伍"指为跟自己瞧不起的人在一起而感到羞耻。

张皇失措		【张皇失措】zhāng huáng shī cuò 张皇：惊慌：举止失去常态。惊慌得不知如何是好。巴金《随想录》五："她张皇失措，坐立不安，替我担心，又为儿女的前途忧虑。"
原始要终		【原始要终】yuán shǐ yào zhōng 原：探究；追究。要：求。探求事物发展的始末。《周易·系辞下》："《易》之为书也，原始要终以为质也。"
折冲樽俎		【折冲樽俎】zhé chōng zūn zǔ 折冲：使敌人的战车后退。樽俎：古代盛酒肉的器物，借指宴席。《战国策·齐策五》："拔城于尊俎之间，折冲席上者也。"尊：同"樽"。后用"折冲樽俎"指在宴席中运用策略取得战争胜利。后也泛指外交谈判。晋·张协《杂诗》之七："折冲樽俎间，制胜在两楹。"
中原逐鹿		【中原逐鹿】zhōng yuán zhú lù 中原：指黄河中下游地区。逐：追赶。鹿：比喻帝位。《史记·淮阴侯列传》："秦失其鹿，天下共逐之。"后用"逐鹿中原"比喻群雄争夺政权。

自食其言		【自食其言】zì shí qí yán 自己吃掉自己说的话。指说话不算数，不守信用。《醒世恒言》卷二："我若今日复出应招，是自食其言了。"
自郐以下		【自郐以下】zì kuài yǐ xià 郐：西周分封的诸侯国。《左传·襄公二十九年》载：吴国的季札在鲁国观看周朝各国的乐舞，并且加以评论，但是"自郐以下无讥焉。"后用"自郐以下"指从某一事物以后就不值一谈了。
自怨自艾		【自怨自艾】zì yuàn zì yì 自怨：悔恨自己的错误。自艾：改正自己的错误。原指悔恨并且改正自己的错误，后多指悔恨。《孟子·万章上》："三年，太甲悔过自怨自艾。"
恣意妄为		【恣意妄为】zì yì wàng wéi 恣：放肆。妄：乱。《汉书·杜周传》："曲阳侯要前为三公辅政，知赵昭仪杀皇子，不辄白奏，反与赵氏比周，恣意妄行。"

知白守黑		【知白守黑】zhī bái shǒu hēi 《老子》："知其白，守其黑，为天下式。"意思是，心里虽然是非分明，但要安于暗昧，以沉默自处。这是古代道家的一种消极处世态度。
踵决肘见		【踵决肘见】zhǒng jué zhǒu xiàn 踵：脚后跟，引申为鞋后跟；决：裂开；见：露出来。一提上鞋就露出脚后跟，一整衣服就露出胳膊肘。形容衣履破烂，穷困不堪。语本《庄子·让王》"捉衿而肘见，纳履而踵决"。（捉衿，整顿衣襟。纳履，穿鞋。）
正襟危坐		【正襟危坐】zhèng jīn wēi zuò 正襟：把衣襟整理齐。危坐：端正地坐着。形容严肃的样子。也形容拘谨的样子。《史记·日者列传》："宋忠、贾谊瞿然悟，猎缨正襟危坐。"
止戈为武		【止戈为武】zhǐ gē wéi wǔ 戈：古代兵器。"止"与"戈"两个字合成一个"武"字。《左传·宣十二年》："楚子（楚庄王）曰：'夫文，止戈为武。'"楚庄王根据"武"字是"止"和"戈"两字合成的，从而认为消灭暴乱，永远停止动用武器，才是真正的武功。

鉴貌辨色		【鉴貌辨色】jiàn mào biàn sè 鉴：鉴别，识别。观察辨别脸色表情，了解对方心意和情况。《敦煌变文集·伍子胥变文》：“适来鉴貌辨色，观君与凡俗不同。”
掎角之势		【掎角之势】jǐ jiǎo zhī shì 掎：拉住，这里指拉住腿；角：指抓住角。《左传·襄公十四年》：“譬如捕鹿，晋人角之，诸戎掎之，与晋掊（fù）之。”（掊，放倒。）意思是就像捕鹿一样，晋国抓它的角，诸戎拉着它的腿，一起把鹿放倒。后来就用“掎角之势”比喻作战时互相配合、夹击敌人的态势。
降志辱身		【降志辱身】jiàng zhì rǔ shēn 降：压抑，减损。降低志气，辱没人格。形容与世俗同流合污。语出《论语·微子》。王充《论衡·定贤》：“以清节自守，不降志辱身为贤乎，是则避世离俗，长沮、桀溺之类也。”
长年三老		【长年三老】zhǎng nián sān lǎo 古时指船工。唐·杜甫《拨闷》诗：“长年三老遥怜汝，捩舵开头捷有神。”宋·陆游《入蜀记》四：“问何谓长年三老？云：‘梢公是也。’”

云兴霞蔚		【云兴霞蔚】yún xīng xái wèi 云雾彩霞升腾聚集。形容景象灿烂绚丽。《世说新语·言语》：“千岩竞秀，万壑争流，草木蒙笼其上，若云兴霞蔚。”
终天之恨		【终天之恨】zhōng tiān zhī hèn 终天：终身。恨：遗憾。形容遗恨一生。明·归有光《请敕命事略》：“曾不得一日之禄养，所以为终天之恨也。”
恣行无忌		【恣行无忌】zì xíng wú jì 恣：放纵，无拘束；忌：顾忌，畏惧。形容任意作恶，毫无顾忌。
家给人足		【家给人足】jiā jǐ rén zú 给：丰足。家家户户丰衣足食。形容百姓生活安定·人民富足。《史记·商君列传》：“行之十年，秦民大说，道不拾遗，山无盗贼，家给人足。”

应付自如		【应付自如】yìng fù zì rú 形容事情处理从容、轻松。邓友梅《记忆中的老舍先生》：“人们站起来抢着握手，端木没戴帽子赵树理不摘帽子，两手都应付自如。”
以升量石		【以升量石】yǐ shēng liáng dàn 石：容量单位，汉代“石”、“斛”混用，宋代改五斗为斛，二斛为石，后以十升为一斗，十斗为一石。比喻凭肤浅的理解来揣度深远的道理。《淮南子·缪称训》：“使舜度尧则可，使桀度尧，是犹以升量石也。”
以一奉百		【以一奉百】yǐ yī fèng bǎi 奉：供养。指生产者少，消费者多。汉·王符《潜夫论·浮侈》：“今察洛阳资末业者，什于农夫；虚伪游手，什于末业。是则一夫耕，百人食之；一妇桑，百人衣之；以一奉百，孰能供之。”（末业，古代称工商等业。）
蝇营狗苟		【蝇营狗苟】yíng yíng gǒu gǒu 营：钻营。苟：苟且。像苍蝇那样追逐脏东西，像狗那样苟且偷生。比喻为了追求名利·不知羞耻，到处钻营。唐·韩愈《送穷文》：“蝇营狗苟，驱去复还。”

有气无力		【有气无力】yǒu qì wú lì 形容身体虚弱，没有力气。也形容精神不振作。《醒世恒言》卷二八："正不知舱中，另有个替吃饭的，还饿得有气无力哩。"
殷鉴不远		【殷鉴不远】yīn jiàn bù yuǎn 殷：商代在迁都到殷后改用的称号。鉴：镜子，指教训。《诗经·大雅·荡》："殷鉴不远，在夏后之世。"意为殷代可以作为教训的例子并不遥远，就在夏代。后指前人的失败教训就在眼前，应该借鉴。《晋书·刘聪传》传："昔齐桓公任易牙面乱，孝怀委黄皓而灭，此皆覆车于前，殷鉴不远。"
羽毛丰满		【羽毛丰满】yǔ máo fēng mǎn 小鸟的毛已经长齐。比喻力量已经积蓄充足。
因循坐误		【因循坐误】yīn xún zuò wù 因循：沿用旧办法不改。坐误：致使事情被耽误。指情况发生了变化，还是沿用旧办法，致使耽误了事情。《孽海花》二四回："照这样因循坐误，无怪有名的御使韩以高约会了全台，在宣武门外松筠庵开会，提议参劾哩！"也作"因循贻误"。

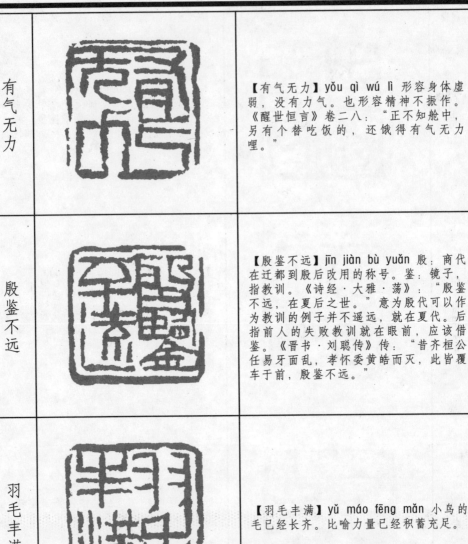

坐而论道		【坐而论道】zuò ér lùn dào 《周礼·考工记序》："国有六职，百工与居一焉。或坐而论道，或作而行之。"原指陪君王谈论政事。后指空谈大道理而不见行动。《三国演义》一〇三回："是故古人称：坐而论道，谓之三公。"
坐地分赃		【坐地分赃】zuò dì fēn zāng 坐地：固定在某个地方。赃：赃物，指窃来的财物。原指盗贼固定在某处瓜分赃物。后多指匪首等在家里分取同伙盗窃的赃物。《品花宝鉴》二三回："挤他不相好的，荐他相好的，荐得一两个出去，他便坐地分赃。"
抓耳挠腮		【抓耳挠腮】zhuā ěr náo sāi 乱抓耳朵和腮帮子。形容焦急、忙乱或苦闷得无法可施的样子。
卓尔不群		【卓尔不群】zhuó ěr bù qún 卓尔：特出的样子。不群：与众不同。指才德超过众人。《汉书·景十三王传赞》："夫唯大雅，卓尔不群，河间献王近之矣。"

之死靡它		【之死靡它】zhī sǐ mǐ tā 之：至，到；靡：没有；它：别的。到死也没有别的心。原指妇女立誓不改嫁。
斫轮老手		【斫轮老手】zhuó lún lǎo shǒu 斫轮：砍木头做车轮。《庄子·天道》：“行年七十而老斫轮。”后用“斫轮老手”指对某方面很有经验的人。蔡东藩、许廑父《民国通俗演义》六七回：“两人不来多嘴，全凭那斫轮老手徐世昌，及倚马长才王式通悉心研究。”
踵事增华		【踵事增华】zhǒng shì zēng huá 踵：继承。华：光彩。南朝梁·萧统《〈文选〉序》：“踵其事而增化，变其本而加厉，物既有之，文亦宜然。”后用“踵事增华”指继续以前的事业，并使之进一步完善。《明史·舆服志一》：“踵事增华，日新代异。”
造谣中伤		【造谣中伤】zào yáo zhòng shāng 中伤：诬蔑人使之受到损害。制造谣言陷害人。陈国凯《陈国凯选集·自序》：“步入文场，阅历渐多，抱定一个宗旨：不管有何冷风暗箭造谣中伤迎面或侧面，均漠然置之。”

卷土重来		【卷土重来】juǎn tǔ chóng lái 卷土：卷起尘土。形容人马奔跑之状。比喻失败以后又重新恢复势力；也比喻消失了的人或事物重新出现。唐·杜牧《题乌江亭》诗：“胜败兵家事不期，包羞忍耻是男儿。江东子弟多才俊，卷土重来未可知。”
劳燕分飞		【劳燕分飞】láo yàn fēn fēi 劳：指伯劳鸟。《乐府诗集·东飞伯劳歌》：“东飞伯劳西飞燕，黄姑织女时相见。”后用“劳燕分飞”比喻别离。清·王韬《淞隐漫录·尹瑶仙》：“其谓他日劳燕分飞，各自西东，在天之涯地之角耶？”
老当益壮		【老当益壮】lǎo dāng yì zhuàng 当：应该。益：更加。年纪虽老，志向更加豪壮。《后汉书·马援传》：“丈夫为志，穷当益坚，老当益壮。”
刻画无盐		【刻画无盐】kè huà wú yán 无盐：古代传说中的丑女。精细地描绘无盐。比喻拿丑的来比譬美的，比拟不伦。南朝·宋·刘义庆《世说新语·轻诋》记载，庚亮对周颉(yǐ)说：“大家都拿你比乐广。”周颉说：“何乃刻画无盐，唐突西施也。”

疾恶如仇		【疾恶如仇】jí è rú chóu 疾：憎恨。憎恨坏人坏事如同憎恨仇敌一样。《后汉书·祢衡传》："忠果正直，志怀霜雪，见善若惊，疾恶如仇。"
兼权熟计		【兼权熟计】jiān quán shú jì 兼：指同时顾到各方面；权：比较，衡量；熟：精细，深入。多方面地衡量、比较，深入细致地考虑。《荀子·不苟》："见其可欲也，则必前后虑其可恶也者；见其可利也，则必前后虑其可害也者；而兼权之，熟计之，然后定其欲恶取舍。"
肩摩毂击		【肩摩毂击】jiān mó gǔ jī 摩：摩擦，接触；毂：车轮中心的圆木，也作车轮的代称。人多得肩碰肩，车多得轮撞轮。形容路上行人车辆很多，非常拥挤。《战国策·齐策一》："临淄之途，车毂击，人肩摩。"
火上加油		【火上加油】huǒ shàng jiā yóu 比喻激化矛盾，使人更加恼怒，或使事态更加严重。《西游记》四一回："妖精的三昧真火，如何泼得？好一似火上浇油，越泼越灼。"

坐以待旦		【坐以待旦】zuò yǐ dài dàn 旦：天亮。坐着等天亮。多形容勤恳。以，也作“而”。《尚书·太甲上》：“先王昧爽丕显，坐以待旦。”
作如是观		【作如是观】zuò rú shì guān 如是：像这样；观：看，看法。作这样的看法。表示对某一事物所持或应持的看法。《金刚经》：“一切有为法，如梦幻泡影，如露亦如电，应作如是观。”
总而言之		【总而言之】zǒng ér yán zhī 总：总括。把各方面的情况合在一起说。《旧唐书·李百药传》：“总而言之，少尧多桀。”
罪恶昭著		【罪恶昭著】zuì è zhāo zhù 昭著（彰）：明白，明显。罪恶很大，很明显。

擢发难数		【擢发难数】zhuó fà nán shǔ 擢：拔。发：头发。拔下头发来数也难以数清。《史记·范睢蔡泽列传》："擢贾之发以继贾之罪，尚未足。"后用"擢发难数"形容罪过多得数不过来。
朝不谋夕		【朝不谋夕】zhāo bù móu xī 朝：早晨；谋：谋划，打算；夕：傍晚。早晨顾不上打算晚上该怎么办。形容形势危急，只能顾眼前。《左传·昭公元年》："吾侪（chái）偷食，朝不谋夕。"（吾侪，我辈，我们。）也作"朝不虑夕"。《文选·李密〈陈情表〉》："人命危浅，朝不虑夕。"
昭然若揭		【昭然若揭】zhāo rán ruò jiē 昭然：很明显的样子。揭：举。《庄子·达生》："昭昭乎若揭日月而行也。"像举着太阳、月亮走路那样明显。后用"昭然若揭"指真相或含义非常明白、显而易见。
着手成春		【着手成春】zhuó shǒu chéng chūn 着手：动手。一动手就呈现春意。形容技艺精湛。唐·司空图《二十四诗品·自然》："俱连适往，着手成春。"后常用来称赞医术高明。

湮没无闻		【湮没无闻】yān mò wú wén 湮没：埋没；无闻：无人知道。形容名声被埋没。
行尸走肉		【行尸走肉】xíng shī zǒu ròu 行尸：会走动的尸体。比喻没有精神追求，庸碌无为，毫无生气的人。晋·王嘉《拾遗记·任末》："夫人好学，虽死若存；不学者虽存，谓之行尸走肉！"
言出法随		【言出法随】yán chū fǎ suí 言：指法令或命令。指法令一经发布，随即实行。清·林则徐《奉旨前往广东查办海口事件传牌稿》："言出法随，各宜懔遵毋违。"
言不尽意		【言不尽意】yán bù jìn yì 语言不能把思想内容全部表达出来。《周易·系辞上》："子曰：'书不尽言，言不尽意。'"

一身是胆		【一身是胆】yī shēn shì dǎn 一身：浑身。浑身都是胆。形容非常英勇。
鱼大水小		【鱼大水小】yú dà shuǐ xiǎo 比喻生产不能维持消费，也比喻机构臃肿，行动不灵活。
有头无尾		【有头无尾】yǒu tóu wú wěi 有开头而没有结尾。指做事不能坚持到底。宋·无名氏《踏青游》词："蓦然被人惊觉，梦也有头无尾。"
因小失大		【因小失大】yīn xiǎo shī dà 因：为了。指为了小的利益造成大的损失。《儿女英雄传》二三回："看那姑娘的见识心胸大概也未必肯吃这注，倘然因小失大，转为不妙。"

心余力绌		【心余力绌】xīn yú lì chù 绌：不够。心里很想干，但是力量不够。
摇头摆尾		【摇头摆尾】yáo tóu bǎi wěi 指动物摆动头、尾的样子。《五灯会元·洛浦元安禅师》："临济门下有个赤梢鲤鱼，摇头摆尾，向南方去。"
心心念念		【心心念念】xīn xīn niàn niàn 心心：指所有心思，念念：指所有念头。形容一心一意地想做某件事情或得到某样东西。
显而易见		【显而易见】xiǎn ér yì jiàn 事情或道理非常明显，极容易看清楚。宋·王安石《洪范传》："在我者，其得失微而难知，莫若置诸天物之显而易见，且可以为戒也。"

真伪莫辨		【真伪莫辨】zhēn wěi mò biàn 莫：不。指分不出真假，《隋书·经籍志一》：“战国纵横，真伪莫辨，诸子之言，纷然淆乱。”也作“真假难辨”。
与鬼为邻		【与鬼为邻】yǔ guǐ wéi lín 已经跟鬼做街坊了。形容离死不远。语出宋·僧文莹《湘山野录》。
允文允武		【允文允武】yǔn wén yǔn wǔ 指文武兼备。《诗经·鲁颂·泮水》：“允文允武，昭假烈祖。”
蒸沙作饭		【蒸沙作饭】zhēng shā zuò fàn 比喻事情不可能成功，就像要把沙子蒸成饭一样。《楞严经》卷六之四：“若不断淫，修禅定者，如蒸沙石，欲其成饭，经千百劫，只名热沙。”

行同狗彘		【行同狗彘】xíng tóng gǒu zhì 彘：猪。比喻无耻的人行为像猪狗一样。汉·贾谊《治安策》："故此一豫让也，反君事仇，行若狗彘，而已抗节致忠，行出乎列士，人主使然也。"
兴妖作怪		【兴妖作怪】xīng yāo zuò guài 妖魔鬼怪作乱害人，比喻搞鬼捣乱，进行破坏活动。元·无名氏《碧桃花》三折："你既然还有阳寿，天曹地府不管，你却这等兴妖作怪。"
薪尽火传		【薪尽火传】xīn jìn huǒ chuán 《庄子·养生主》："指穷于为薪，火传也，不知其尽也。"意指柴虽然烧完，火种却留传下来了。后用"薪尽火传"比喻通过师生传授，使学问技艺得以一代代承传。《儒林外史》五四回："风流云散，贤豪才色总成空；薪尽火传，工匠市廛都有韵。"
羊质虎皮		【羊质虎皮】yáng zhì hǔ pí 质：本质。羊虽然披上虎皮，但仍然懦弱。比喻空有其表。汉·扬雄《法言·吾子》："羊质而虎皮，见而悦，见豺而战，忘其皮之虎矣。"

鱼龙混杂		【鱼龙混杂】yú lóng hùn zá 比喻坏人和好人混在一起，唐·无名氏《和渔父词》之一三："风搅长空浪搅风，鱼龙混杂一川中。"
羽毛未丰		【羽毛未丰】yǔ máo wèi fēng 丰：丰满。《战国策·秦策一》："寡人闻之，毛羽不丰满者，不可以高飞。"后用"羽毛未丰"比喻年纪轻，经历少，不成熟，力量不够强大。
语无伦次		【语无伦次】yǔ wú lún cì 伦、次：条理。指人说话毫无条理。宋·苏轼《僧惠诚游吴中代书十二》："信笔书纸，语无伦次。"
游山玩水		【游山玩水】yóu shān wán shuǐ 游览山水风景。《景德传灯录·文偃禅师》："问：'如何是学人自己？'师曰：'游山玩水去'"。

信及豚鱼		【信及豚鱼】xìn jí tún yú 及：达到；豚：小猪。对豚、鱼那样微贱的动物都讲信用。形容信用卓著。《周易·中孚·彖辞》："豚鱼吉，信及豚鱼也。"
燕巢幕上		【燕巢幕上】yàn cháo mù shàng 燕子把窝造在帘幕上面。比喻处境非常危险。《左传·襄二十九年》："夫子之在此也，犹燕之巢于幕上。"
摇身一变		【摇身一变】yáo shēn yī biàn 神怪小说描写人物或妖怪只要一摇动身体，就变成了别的样子。后指人很快地改变了身份、立场、面目等。多含贬义。《西游记》六〇回："二郎圆睁凤目观看，见大圣变成麻雀儿，钉下弹弓，摇身一变，变作个饿鹰儿，抖开翅，飞将扑打。"
一笔抹杀		【一笔抹杀】yī bǐ mǒ shā 抹杀：抹掉。比喻对成绩、优点等等轻率地彻底否定。鲁迅《热风·随感录五十九》："几位读者怕要生气说：'中国时常有将性命去殉他主义的人，中华民国以来，也因为主义上死了多少烈士，你何以一笔抹杀？吓！'这话也是真的。"

铺天盖地		【铺天盖地】pū tiān gài dì 形容声势极大，到处都是。周而复《上海的早晨》三部三七："铺天盖地的狂飙掠过原野，发出不平的怒吼，吹得车间的玻璃窗发出哗啷啷的响声。"
晕头转向		【晕头转向】yūn tóu zhuàn xiàng 头脑发晕，辨不出方向。巴金《随想录》六六："风不仅把我吹得晕头转向，有时还使我发高烧，躺在床上起不来。"
置之不理		【置之不理】 zhì zhī bù lǐ 置：放置。理：理睬。指放在一边而不予理睬。《官场现形记》五一回："后来等我养了下来，很写过几封信给老人家，老人家一直置之不理。"
怨声载道		【怨声载道】yuàn shēng zài dào 载：充满。道：道路。怨恨的声音充满道路。《后汉书·李固传》："开门受贿，署用非次，天下纷然，怨声满道。"后多作"怨声载道"，形容百姓普遍怨恨不满。

心口如一		【心口如一】xīn kǒu rú yī 心里想的和嘴里说的一样。形容为人诚实、直爽。宋·汪应辰《题续池阳集》："由是观世之议论，谬于是非邪正之实者，未必心以为是，使士大夫心口如一，岂复有纷纷之患哉！"
心劳日拙		【心劳日拙】xīn láo rì zhuō 拙：笨，不灵巧。指费尽心机，事情反而越来越不顺手，处境一天比一天糟。含贬义。《尚书·周官》："作德心逸日休，作伪心劳日拙。"
一笔勾销		【一笔勾销】yī bǐ gōu xiāo 勾销：抹掉。把账一笔抹掉。形容全部取消。元·无名氏《延安府》二折："如有班部监司，不才官吏，一笔勾消，永不叙用。"消：同"销"。
一步登天		【一步登天】yī bù dēng tiān 比喻一下达到很高的境界、程度。也比喻人一下子爬上高位。多含贬义。《狮子吼》二回："哪知康有为最好功名的人，想自己一人一步登天，做个维新的元勋。"

朝齑暮盐		【朝齑暮盐】zhāo jī mù yán 齑：切碎的腌菜或酱菜。早晨用腌菜下饭，晚上蘸盐佐餐。形容饮食菲薄，生活贫困。唐·韩愈《昌黎先生集·送穷文》：“太学四年，朝齑暮盐。”
有始无终		【有始无终】yǒu shǐ wú zhōng 有开始没有结尾。指做事不能坚持到底。《诗经·秦风·权舆序》：“忘先君之旧臣与贤者，有始而无终也。”
彰善瘅恶		【彰善瘅恶】zhāng shàn dàn è 彰：表扬。瘅：憎恨。表扬好的，憎恶坏的。《尚书·毕命》：“彰善瘅恶树之风声。”
优孟衣冠		【优孟衣冠】yōu mèng yī guān 《史记·滑稽列传》载：春秋时，已故楚相孙叔敖的儿子很穷，楚国的艺人优孟便穿戴孙叔敖的衣帽，去见楚庄王，并把孙叔敖的动作神态摹仿得惟妙惟肖，使庄王感动而封孙叔敖之子。后用“优孟衣冠”指演戏。也比喻假装古人或一味摹仿。《儿女英雄传》四〇回：“难道诸大的官场，真个便同优孟衣冠，傀儡儿戏一样？”

形迹可疑		【形迹可疑】xíng jì kě yí 举动和神色值得怀疑。《聊斋志异·房文淑》："邓急起，追问之，门未启，而女已杳。骇报，始悟其非人也。邓以形迹可疑，故亦不敢告人，托之归宁而已。"
馨香祷祝		【馨香祷祝】xīn xiāng dǎo zhù 馨香：烧香的香味，这里指烧香。原指迷信的人虔诚地向神祈祷祝愿。后引申指真诚地期望。章太炎《复蒋智由书》："于此知君果非有异志，则仆所馨香祷祝以求之者也。"
宴安鸩毒		【宴安鸩毒】yàn ān zhèn dú 鸩毒：毒酒。贪图安逸如同饮毒酒。《元史·张桢传》："凡土木之劳，声色之好，燕安鸩毒之戒，皆宜痛撤勇改。"
行将就木		【行将就木】xíng jiāng jiù mù 行将：快要。就：到……去。木：棺材。《左传·僖公二十三年》："（重耳）将适齐，谓季隗曰：'待我二十五年，不来而后嫁'。对曰：'我二十五年矣，又如是而嫁，则就木焉请待子。'"后用"行将就木"指人寿命已经不长，快要死了。

治丝益棼		【治丝益棼】zhì sī yì fén 治：整理；益：越发，更加；棼：纷乱。整理蚕丝不找头绪，结果越搞越乱。比喻解决问题的方法不对头，问题反而更加复杂。语本《左传·隐公四年》“犹治丝而棼之也”。
辙乱旗靡		【辙乱旗靡】zhé luàn qí mǐ 辙：车轮压出来的痕迹。靡：倒。《左传·庄公十年》：“吾视其辙乱，望其旗靡，故逐之。”后用“辙乱旗靡”形容军队溃败。唐·李筌《神机制敌太白阴经·露布篇》：“弩失所太，辙乱旗靡。”
有天没日		【有天没日】yǒu tiān méi rì 比喻说话非常放肆，毫无顾忌。《红楼梦》第七回：“众小厮见说出来的话有天没日的，唬得魂飞魄丧。”
枕戈待旦		【枕戈待旦】zhěn gē dài dàn 枕：头枕着。戈：一种古代兵器。旦：天亮。头枕着戈等待天亮。形容时刻准备投入战斗。《晋书·刘琨传》：“吾枕戈待旦，志枭逆虏。”

羊肠鸟道		【羊肠鸟道】yáng cháng niǎo dào 形容极险的山路。《五灯会元·仗锡修己禅师》："后至四明山心，独居十余载，虎豹为邻，尝曰：'羊肠鸟道无人道，寂寞云中一个人。'尔后，道俗闻风而至，遂成禅林。"
朽木粪土		【朽木粪土】xiǔ mù fèn tǔ 朽木：烂木头。粪土：脏土臭泥。《论语·公冶长》："朽木不可雕也，粪土之墙不可圬也。"后用"朽木粪土"比喻不堪造就、对社会没有用处的人。汉·王充《论衡·问孔》："朽木粪土，败毁不可复成之物，大恶也。"
行若无事		【行若无事】xíng ruò wú shì 行：行动。若：好像。指人在紧急关头，态度镇静，毫不慌乱。有时也指对坏人坏事听之任之，满不在乎。梁实秋《雅舍小品·讲价》："如果偶然发现一项心爱的东西，也不可失声大叫，如获异宝，必要行若无事，淡然处之，下场打听许多种物价之后，随意问询及之，否则你打草惊蛇，他便奇货可居了。"
姚黄魏紫		【姚黄魏紫】yáo huáng wèi zǐ 宋代洛阳两种名贵的牡丹花品种。姚黄：千叶黄花，出于姚氏家；魏紫：千叶肉红花，出五代时魏仁溥家。见宋·欧阳修《洛阳牡丹记·花释名》。后来就用"姚黄魏紫"泛指牡丹的好品种。宋·范成大《石湖集·再赋简养正》诗："一年春色摧残尽，再觅姚黄魏紫来。"

朝秦暮楚		【朝秦暮楚】zhāo qín mù chǔ 战国时，秦、楚两大国经常互相征战，与其邻近的小国时而事秦，时而事楚。宋·晁补之《海陵集序》：“战国异甚士，一切趋利邀合，朝秦暮楚不耻，无春秋时诸大夫事业矣”。后用“朝秦暮楚”比喻人反复无常。
因时制宜		【因时制宜】yīn shí zhì yí 因：根据，按照。指针对不同时间的基本情况而制定相应的办法。《晋书·刘颂传》：“所遇不同，故当因时制宜，以尽事适今。”
又弱一个		【又弱一个】yòu ruò yī gè 《左传·昭公三年》：“齐公孙灶卒，司马灶见晏子曰：‘又丧子雅矣。’晏子曰：‘惜也！…二惠竞爽犹可，又弱一个焉，姜其危哉！’”（子雅，公孙灶的字。二惠，指公孙灶和公孙虿，两个都是齐惠公的孙子。竞爽，刚强爽朗。）后来用“又弱一个”表示哀悼别人死去。
鱼游釜中		【鱼游釜中】yú yóu fǔ zhōng 釜：古代的一种锅。鱼在锅中游。比喻身处险境。《后汉书·张纲传》：“若鱼游釜中，喘息须臾间耳。”

舌敝耳聋		【舌敝耳聋】shé bì ěr lóng 指议论多而繁杂，讲的人舌头破了，听的人耳朵都聋了。《战国策·秦策一》：“舌弊耳聋，不见成功。”
甚嚣尘上		【甚嚣尘上】shèn xiāo chén shàng 嚣：喧闹；尘上：地上尘土飞扬起来。人声喧嚷，尘土飞扬。《左传·成公十六年》记载，晋楚鄢陵之战前，楚王登上可以瞭望的高车观察晋国军队的动静。楚王对站在身后的伯州犁说：“甚嚣，且尘上矣。”意思是晋军中人声喧嚣，尘土飞扬。原来形容车中忙于准备的情况，后用以形容消息普遍流传，众口喧腾。
三位一体		【三位一体】sān wèi yī tǐ 基督教把圣父（耶和华）、圣子（耶稣）、圣灵（圣父、圣子共有的神的性质）称为三位一体。后来泛指三个人、三件事或三个方面联成一个整体。老舍《诗与快板》：“在远古的时候，诗、舞蹈和音乐原是三位一体，分不开的。”
善善从长		【善善从长】shàn shàn cóng cháng 善善：称赞善事；从：遵从。称赞好的事情，遵从别人的长处。《公羊·昭公二十年》：“君子之善善也长，恶恶也短；恶恶止其身，善善及子孙。”原意是颂扬美德，源远流长。后来用“善善从长”称赞人能取长补短。

提纲挈领		【提纲挈领】tí gāng qiè lǐng 纲：鱼网的总绳。挈：提。领：衣领。抓住网的总绳，提起衣服的领子。比喻抓住要领，简明扼要。《韩非子·外储说右下》：“善张网者引其纲，不一一摄万目而后得。”
泰阿倒持		【泰阿倒持】tài ē dào chí 也作“太阿倒持”。泰阿：古代宝剑名。倒拿着宝剑，把剑柄交给别人。比喻轻率地把权柄交给别人，自己反受其害。《汉书·梅福传》：“倒持泰阿，授楚其柄。”
素昧平生		【素昧平生】sù mèi píng shēng 素：向来，往常；昧：不了解；平生：平素，往常。一向不了解。表示素来不相识。唐·李商隐《李义山诗集·赠田叟》：“鸥鸟忘机翻浃洽，交亲得路昧平生。”
天下太平		【天下太平】tiān xià tài píng 社会安定，指大治之世。《礼记·仲尼燕居》：“言而履之，礼也；行而乐之，乐也。君子力此二者，以南面而立，夫是以天下太平也。”

形影不离		【形影不离】xíng yǐng bù lí 像形体和它的影子一样时刻跟随在一起。形容关系极为密切。《红楼梦》一〇三回："庙名久隐，断碣犹存。形影相随，何须修募。"
殃及池鱼		【殃及池鱼】yāng jí chí yú 殃：灾祸；池：护城河。城门着了火，人们到护城河里打水救火，水干了，鱼也就死了。比喻无缘无故受连累。北齐·杜弼《檄梁文》："但恐楚国亡猿，祸延林木，城门失火，殃及池鱼。"
玄之又玄		【玄之又玄】xuán zhī yòu xuán 《老子·一章》："玄之又玄，众妙之门。"原指道的玄虚奥妙。后泛指事理深奥玄妙，难以理解。唐·白居易《求玄珠赋》："求之者刳其心，俾损之又损；得之者反其性，乃玄之又玄。"
凶多吉少		【凶多吉少】xiōng duō jí shǎo 凶害多，吉利少。多指根据某种迹象估计到事态的发展趋势极为不妙。《醒世恒言》卷五："安南离此有万里之遥，音信尚且难通。况他已是官身，此去刀剑无情，凶多吉少。"

芝兰玉树		【芝兰玉树】zhī lán yù shù 比喻好的子弟。《晋书·谢安传》：“（谢玄）少颖悟，与从兄朗俱为叔父安所器重。安尝戒约子侄，因曰：‘子弟亦何豫（预）人事，而正欲使其佳？’诸人莫有言者，玄言曰：‘譬如芝兰玉树，欲使其生于庭阶耳。’”
正言厉色		【正言厉色】zhèng yán lì sè 厉：严厉。色：脸色。言辞郑重，态度严厉。《红楼梦》一九回：“黛玉见他说的郑重，且又正言厉色，只当是真事。”
栉比鳞次		【栉比鳞次】zhì bǐ lín cì 栉：梳子、篦子等梳头用具。《续资治通鉴长编·宋真宗咸平四年》：“布为方阵，四面皆然，东西鳞次，前后栉比。”意为像鱼鳞和梳子齿那样一个接一个地排列着。明·蒋一葵《长安客话·古榆关》：“墩台守望，虽鳞次栉比，而柳栅沙沟，冲突道侧，行旅患之。”
有恃无恐		【有恃无恐】yǒu shì wú kǒng 恃：依靠。因为有依靠而不害怕，没有顾忌。多含贬义。宋·魏了翁《陛辞奏定国论别人回天怒图民怨》：“持之以坚，断之以果，毋为人言所怵，嗜欲所移，则臣秉钺于外，庶乎有恃无恐。”

一字一珠		【一字一珠】yī zì yī zhū 唱出来的一个字就像一颗珍珠一样。比喻歌声圆转自如。
以德报怨		【以德报怨】yǐ dé bào yuàn 报：报答，回报。不记别人的仇，反而以恩惠回报。《论语·宪问》："或曰：'以德报怨，何如？'子曰：'何以报德？以直报怨，以德报德。'"
意马心猿		【意马心猿】yì mǎ xīn yuán 形容心神不定，心思不专一，像猿跳马奔一样难以控制。《敦煌变文集·维摩诘经讲经文》："卓定深沉莫测量，心猿意马罢颠狂。"
幸灾乐祸		【幸灾乐祸】xìng zāi lè huò 幸：高兴。乐：欢喜。《左传·僖公十四年》："秦饥，使乞籴于晋，晋人弗与。庆郑曰：'背施无亲，幸灾不仁，贪爱不祥，怒邻不义，四德皆失，何以守国？'"

遇事生风		【遇事生风】yù shì shēng fēng 宋·楼钥《送周君可宰会稽》："遇事勿生风，三思庶能安。"后用"遇事生风"指找到借口就生事端。《野叟曝言》六回："你们这班光棍，专一遇事生风，恐吓索诈。"
有目共赏		【有目共赏】yǒu mù gòng shǎng 大家看见了都赞赏。形容事物很完美。《老残游记》一二回："这人负一时盛名，而《湘军志》一书做的委实是好，有目共赏。"
予取予求		【予取予求】yú qǔ yú qiú 予：我。《左传·僖公七年》："唯我知女，女专利而不厌，予取予求，不女疵瑕也。"原指从我这里求取财物。后指任意求取。宋·范仲淹《淡交若水赋》："甘言者不可不畏，澡行者予取予求。"
犹豫不决		【犹豫不决】yóu yù bù jué 《战国策·赵策三》："平原君犹豫未有所决。"后用"犹豫不决"指拿不定主意。《晋书·赵诱传》：隆犹豫不决，遂为其下所害。"

视如敝屣		【视如敝屣】shì rú bì xǐ 敝：破旧。屣：鞋。当破旧鞋子看待。《孟子·尽心上》："舜视弃天下，犹弃敝屣也。"后用"视如敝屣"形容极为轻视。
使臂使指		【使臂使指】shǐ bì shǐ zhǐ《汉书·贾谊传》："令海内之势，如身之使臂，臂之使指，莫不制从。"意思是就像身体支配胳膊，胳膊支配手指那样，没有不自如的。后来就用"使臂使指"比喻指挥如意。
始乱终弃		【始乱终弃】shǐ luàn zhōng qì 乱：搞不正当的男女关系。弃：遗弃。《太平广记》卷四八八引唐·元稹《莺莺传》："始乱之，终弃之，固其宜矣。"后用"始乱终弃"指男子玩弄女性，开始与之淫乱，最终加以遗弃。清·纪昀《阅微草堂笔记·槐西杂志二》："始乱终弃，君子所恶。
就地取材		【就地取材】jiù dì qǔ cái 就：随。在本地找需要的材料。比喻不依靠外力，充分发挥本单位的潜力。

亡羊得牛		【亡羊得牛】 wáng yáng dé niú 亡：丢失。丢了羊却得到牛。比喻损失小，收获大。《淮南子·说山训》：“亡羊而得牛，则莫不利失也。”
万目睽睽		【万目睽睽】 wàn mù kuí kuí 睽睽：瞪着眼睛注视的样子。众人都在注视着。唐·韩愈《昌黎先生集·郓谿谿堂诗序》：“公私扫地赤立，新旧不相保持，万目睽睽。”
屠龙之技		【屠龙之技】 tú long zhī jì 屠：宰杀。《庄子·列御寇》里说泙朱 漫跟随支离益学杀龙的本领，耗费了所有的家财，花了三年时间才学成功，但却没有地方去用那套本领。后来就用“屠龙之技”比喻虽有较高造诣但却不切实用的技术。
荼毒生灵		【荼毒生灵】 tú dú shēng líng 荼毒：残害，毒害。生灵：人民，百姓。指残害百姓。唐·李华《吊古战场文》：“秦起长城，竟海为关。荼毒生灵，万里朱殷。”

纵横交错		【纵横交错】zòng héng jiāo cuò 形容交叉、错杂的样子。宋·吕祖谦《东莱博议》卷一："陪洙泗之席者入耳皆德音，纵横交错。"
自圆其说		【自圆其说】zì yuán qí shuō 圆：周全。指让自己的话没有一点漏洞。《官场现形记》五五回："踌躇了好半天，只得仰承宪意，自圆其说：'职道的话原是一时愚昧之谈，作不得准的。'"
嫁祸于人		【嫁祸于人】jià huò yú rén 嫁：转嫁，转移。《史记·赵世家》："韩氏所以不入于秦者，欲嫁其祸于赵也。"后用"嫁祸于人"指把自己的祸事转嫁到别人身上。《南史·阮孝绪传》："己所不欲，岂可嫁祸于人。"
谨小慎微		【谨小慎微】jǐn xiǎo shèn wēi 形容非常谨慎。现在多指在小事情上特别小心。也作"尽小慎微"。《荀子·大略》："尽小者大，慎微者著。"

云行雨施		【云行雨施】yún xíng yǔ shī 形容恩泽广布。《周易·乾》："时乘六龙以御天也，云行雨施，天下平也。"
子虚乌有		【子虚乌有】zǐ xū wū yǒu 汉代司马相如撰《子虚赋》，文章假托了子虚先生、乌有先生、无是公三人的对话。后用"子虚乌有"指假设的、不存在的事情。《汉书·叙传下》："文艳用寡，子虚乌有。"
造谣惑众		【造谣惑众】zào yáo huò zhòng 惑：迷惑。制造谣言，迷惑众人。欧阳山《三家巷》一七二："她只是一味子拨弄是非，造谣惑众。"
植党营私		【植党营私】zhí dǎng yíng sī 植：培植，树立。结成小集团为私利而干坏事。

奉为楷模		【奉为楷模】fèng wéi kǎi mó 奉：尊奉。楷模：法式，模范。指把某种人或事尊奉为榜样。鲁迅《坟·论“费厄泼赖”应该缓行》：“听说刚勇的拳师，决不再打那已经倒地的敌手，这实足使我们奉为楷模。”
高唱入云		【高唱入云】gāo chàng rù yún 《西京杂记》卷一：“后官齐首高唱，声入云霄。”原来形容歌声嘹亮，直入云霄。后也用来形容文辞声调的激越高昂。
攻其不备		【攻其不备】gōng qí bú bèi 《孙子·计篇》：“攻其无备，出其不意。”后多用“攻其不备”指趁对方没有防备时进攻。清·魏源《圣武记》卷八：“攻其不备，决可克复。”
刚柔相济		【刚柔相济】gāng róu xiāng jì 为人处事强硬与柔和两种手段互相配合，使之恰到好处。汉·王粲《为刘荆州与袁尚书》：“当唯义是务，唯国是康。何者？金木水火以刚柔相济，然后克得其和，能为民用。”

做小伏低		【做小伏低】zuò xiǎo fú dī 形容卑躬屈膝，委曲求全。元·无名氏《莽张尽大闹石榴园》杂剧第一折：“你只是装着做小伏低，你若是得空偷闲便择离。”
自作聪明		【自作聪明】zì zuò cōng míng 《尚书·蔡仲之命》：“康济小民，率自中，无作聪敏，乱旧章。”后用“自作聪明”指过高地估计自己，乱作主张。明·余继登《典故纪闻》卷四：“苟自作聪明，而不取众长，欲治道之成，不可得也。”
坐享其成		【坐享其成】zuò xiǎng qí chéng 成：成果，指不出力却享受他人的劳动成果。明·王守仁《与顾惟贤书》：“闽广之役，偶幸了事，皆诸君之功，区区盖坐享其成者。”
坐卧不宁		【坐卧不宁】zuò wò bù níng 坐着躺着都不安宁。形容因忧愁恐惧而不安的样子。

众口铄金		【众口铄金】zhòng kǒu shuò jīn 铄：熔化。金：金属。形容舆论力量大，连金属都可以熔化。后比喻众口同声可能混淆是非。《国语·周语下》：“众心成城，众口铄金。”
左顾右盼		【左顾右盼】zuǒ gù yòu pàn 顾：回头看。盼：看。向左右两边看。形容得意、犹豫、仔细观察等神态。《警世通言》卷四〇：“却说郭璞先生，行到山麓之下，前后观察，左顾右盼。”
自我陶醉		【自我陶醉】zì wǒ táo zuì 陶醉：满意地沉醉于某种思想或境界中。指不客观地过于自我欣赏。郭沫若《批评与梦》：“稿初成时，一时高兴陷入自我陶醉的境地。”
筑室道谋		【筑室道谋】zhù shì dào móu 筑：建造。室：房屋。道：路。谋：商议。《诗经·小雅·小旻》：“如彼筑室于道谋，是用不溃于成。”指盖房子而征求过路人的意见，房子则盖不起来。后用“筑室道谋”比喻自己没有主见、计划，一味听取别人的意见，则办不成事。《歧路灯》五回：“这宗事，若教门生们议将来，只成筑室道谋。”

将信将疑		【将信将疑】jiāng xìn jiāng yí 将：且，又。既有些相信，又有些怀疑，不敢轻易相信。唐·李华《吊古战场文》：“人或有言，将信将疑。”
火烧火燎		【火烧火燎】huǒ shāo huǒ liǎo ①形容像火烧灼一样发热或疼痛。从维熙《远去的白帆》九：“一轮冰盘似的银月，冷却着我火烧火燎的胸膛。”②形容心情如火烧般地着急。刘玉民《骚动之秋》二章：“大勇这时已经弄清了淑贞火烧火燎找他回来的意思。”
集腋成裘		【集腋成裘】jí yè chéng qiú 腋：胳肢窝，此指狐狸腋下的毛皮。裘：皮衣。狐狸腋下的皮虽小，但把许多块聚集起来，就可以缝制成珍贵的皮衣。《慎子·知忠》：“故廊庙之材，盖非一木之枝也；粹白之裘，盖非一狐之皮也。”后用“集腋成裘”比喻积少成多或集众力办一事。
假仁假义		【假仁假义】jiǎ rén jiǎ yì 虚假的仁义道德，伪装成仁慈善良。明·冯梦龙《新灌园·骑动代将》：“要感动民心，似草随风，须知汤武可追踪，假仁假义成何用！”

言不由衷		【言不由衷】yán bù yóu zhōng 衷：内心。《宋史·何铸列传》：“士大夫心术不正，徇虚以掠名，托名以规利，言不由衷”，指说的话不是真心话。清·龚自珍《对策》：“进身之始，言不由衷。”
研桑心计		【研桑心计】yán sāng xīn jì 研：计研，一名计然，春秋时越国范蠡的老师，有谋略，善经商；桑：桑弘羊，汉武帝时的御史大夫，长于理财。像计研、桑弘羊那样善于盘算。《文选·班固〈答宾戏〉》：“研桑心计于无垠。”后来就用“研桑心计”形容商人善于经营致富。
掩目捕雀		【掩目捕雀】yǎn mù bǔ què 掩：掩盖，遮盖。遮住眼睛捉鸟雀。比喻用不可能做到的办法欺骗自己。《三国志·魏书·陈琳传》：“《易》称‘即鹿无虞’，谚有‘掩目捕雀’。夫微物尚不可欺以得志，况国之大事，其可以诈立乎！”
信赏必罚		【信赏必罚】xìn shǎng bì fá 信：确实。必：一定。有功劳的一定奖赏，有罪过的一定惩罚。指赏罚严明。《韩非子·外储说右上》：“信赏必罚，其足以战。”

在劫难逃		【在劫难逃】zài jié nán táo 劫：佛教指大灾难。旧指命里注定的灾祸，无法逃脱。巴金《随想录》七一："我从小熟习一句俗话：'在劫难逃'，却始终不相信。"
云谲波诡		【云谲波诡】yún jué bō guǐ 谲、诡：怪异。波浪和云彩奇形怪状、千变万化。汉·扬雄《甘泉赋》："于是大厦云谲波诡，摧而成观。"原形容房屋建筑形状各异、千姿百态。后比喻事物千变万化，难以捉摸。或文章变化典折、错落有致。也作"波谲云诡。"
招架不住		【招架不住】zhāo jià bù zhù 招架：指古代战斗或搏斗时应付对方的进攻。抵挡不住。
与世偃仰		【与世偃仰】yǔ shì yǎn yǎng 偃仰：俯仰。形容随波逐流，没有言见。《荀子·非相》："与时迁徙，与世偃仰。"

好逸恶劳		【好逸恶劳】hào yì wù láo 逸：安乐。恶：讨厌。喜欢安逸，厌恶劳动。《后汉书·郭玉传》："其为疗也，有四难焉……好逸恶劳，四难也。"
后会有期		【后会有期】hòu huì yǒu qī 会：相会，见面。期：时间，日期。以后还有见面的时候。多用于道别时。元·乔梦会《扬州梦》三折："小官公事忙，后会有期也。"
哗众取宠		【哗众取宠】huá zhòng qǔ chǒng 哗：喧哗。以浮夸的言行迎合众人，用来博得好感或拥护。《汉书·艺文志》："然惑者既抓住精微，而辟者又随时抑扬，违离道本，苟以哗众取宠。"
国计民生		【国计民生】guó jì mín shēng 指国家经济和人民生活。宋·郑兴裔《请罢建康行宫疏》："伏望敕下留司即罢其役，国计民生幸甚！"

花花世界		【花花世界】huā huā shì jiè 旧指繁荣美丽的地方。今多指寻欢作乐的场所。《镜花缘》四回：“只见满园青翠萦目，红紫迎人，真是锦绣乾坤，花花世界。”
高文典册		【高文典册】gāo wén diǎn cè 原指朝廷发布的诏令、制诰等。后指经典著述。晋·葛洪《西京杂记》卷三：“扬子云曰：‘军旅之际，戎马之间，飞书驰檄，用枚皋；廊庙之下，朝廷之中，高文典册，用相如。’”
鹤立鸡群		【鹤立鸡群】hè lì jī qún 《世说新语·容止》：“嵇延祖卓卓如野鹤之在鸡群。”后用“鹤立鸡群”比喻超出一般，与众不同。元·无名氏《举案齐眉》二折：“这是咱逢时运，父亲呵休错认做蛙鸣井底，鹤立鸡群。”
好为人师		【好为人师】hào wéi rén shī 喜欢做别人的老师。形容人不够谦虚，好以教导者自居。《孟子·离娄上》：“人之患在好为人师。”明·李贽《续焚书·答马历山》：“虽各各著书立言，欲以垂训后世，此不知正堕在好为人师之病上。”

赫赫有名		【赫赫有名】hè hè yǒu míng 赫赫：显著盛大的样子。形容名声很大。《二十年目睹之怪现状》四五回：“况且他罗家也是著名的盐商，不过近年稍为疲了点罢了，在外面还是赫赫有名的，怕没人知道么。”
鬼鬼祟祟		【鬼鬼祟祟】guǐ guǐ suì suì 形容怕人发现的不正当的行动。
扶弱抑强		【扶弱抑强】fú ruò yì qiáng 扶：帮助；抑：压制。扶助弱小，抑制强暴。也作“抑强扶弱”。《汉书·刑法志》：“自建武、永平……而政在抑强扶弱。”
和颜悦色		【和颜悦色】hé yán yuè sè 和：和蔼。颜：脸面。悦：喜悦。色：脸色。形容人态度和蔼亲切。汉：荀爽《女诫》：“昏定晨省，夜卧早起，和颜悦色，事如依恃，正身洁行，称为顺妇。”

孤臣孽子		【孤臣孽子】gū chén niè zǐ 孤臣：古代帝王所不太亲近的、孤立无助的臣子；孽子：古时称不是正妻所生的儿子。旧时指不被重用而顽固地效忠于其君上的人。语出《孟子·尽心上》。
绠短汲深		【绠短汲深】gěng duǎn jí shēn 绠：打水用的绳子。汲：从井中打水。用短绳从深井中打水。比喻才能薄弱，不足以胜任艰巨的工作。《庄子·至乐》："昔者管子有言，丘甚善之，曰：'褚小者不可以怀大，绠短者不可以汲深。'"
鹤发童颜		【鹤发童颜】hè fà tóng yán 白鹤羽毛一样的头发，孩童般红润的面容。形容老年人气色好，精神健旺。唐·田颖《梦游罗浮》诗："自言非神亦非仙，鹤发童颜古无比。"
豪情壮志		【豪情壮志】háo qíng zhuàng zhì 远大、豪迈的志向与情怀。刘白羽《第二个太阳》一七章："欢乐固可引发人们的豪情壮志，但，痛苦却能升腾起顽强的意志。"

凤鸣朝阳		【凤鸣朝阳】fèng míng zhāo yáng 凤凰在太阳刚升起时鸣叫。《诗经·大雅·卷阿》："凤皇鸣矣，于彼高冈，梧桐生矣，于彼朝阳。"皇：同"凰"。后用"凤鸣朝阳"比喻贤才遇到得以施展抱负的机会。
夫唱妇随		【夫唱妇随】fū chàng fù suí 《关尹子·三极》："天下之理，夫者倡，妇者随。"倡：同"唱"。后用"夫唱妇随"指丈夫说什么，妻子就附和什么。比喻夫妻行动一致，互相之间能很好配合。多形容夫妻之间感情融洽。元·无名氏《举案齐眉》三折："秀才，你怎生这般说，岂不夫唱妇随也呵。"
贵人多忘		【贵人多忘】guì rén duō wàng 官位高的人善于忘记。原来形容显赫的官僚对人倨傲，不念旧交。五代·王定保《唐摭言·卷二·恚恨》载王冷然《与御史高昌宇书》："倘也贵人多忘，国士难期，使仆一朝出其不意，与君并肩台阁，侧眼相视，公始悔而谢仆，仆安能有色于君乎？"后也泛用以嘲讽人善忘。
改过自新		【改过自新】gǎi guò zì xīn 改正邪恶或错误，自己重新做人。《史记·吴正濞列传》："（吴王）诈称病不朝，于古法当诛，文帝弗忍，因赐几杖，德至厚，当改过自新。"

付之一炬		【付之一炬】fù zhī yī jù 付：交给。炬：火把。唐·杜牧《阿房宫赋》："楚人一炬，可怜焦土。"后用"付之一炬"指把东西全部烧掉。明·沈德符《万历野获编·尚衣失珠炮》："内府盗窃，乃其本等长技，偶私攘过多，难逃大罪，则故称遗漏，付之一炬，以失误上闻，不过薄责而已。"
覆盆之冤		【覆盆之冤】fù pén zhī yuān 覆盆：反扣着的盆，比喻黑暗的境地。晋·葛洪《抱朴子·辩向》："日月有所不照，圣人有所不知，岂可以圣人所不为，便云天下无仙，是责三光不照覆盆之内也"。后用"覆盆之冤"比喻无处申诉的冤枉。明·张居正《答应天张按院》："辱示运宜被劫事。顷苏、松按院已直将本官论劾，若不得大疏存此说，则覆盆之冤谁与雪之？"
古色古香		【古色古香】gǔ sè gǔ xiāng 形容艺术作品、器物等富于古朴的色彩、意趣、情调。清·黄丕烈《士礼居藏书题跋记·麈史》："是书虽非毛氏所云何元朗本及伊舅氏仲木本，然古色古香溢于楮墨，想不在二本下也。"
狗仗人势		【狗仗人势】gǒu zhàng rén shì 比喻倚仗某种权势欺压人。《红楼梦》七四回："你是什么东西，敢来拉扯我的衣裳！我不过看着太太的面上，你又有年纪，叫你一声妈妈，你就狗仗人势，天天作耗，专管生事。"

鸾翔凤翥		【鸾翔凤翥】luán xiáng fèng zhù 比喻书法笔势飞动的姿态。唐·韩愈《石鼓歌》：“鸾翔凤翥众仙下，珊瑚碧树交枝柯。”
灵机一动		【灵机一动】líng jī yí dòng 灵机：灵巧的心思。形容迅速想出了办法。《儿女英雄传》四回：“俄延了半晌，忽然灵机一动，心中悟将过来。”
凤毛麟角		【凤毛麟角】fèng máo lín jiǎo 凤毛：凤凰的毛。麟角：麒麟的角。比喻珍贵而稀少的人或事物。明·汪廷讷《种玉记·尚主》：“驸马是凤毛麟角，公主是玉叶金枝。”
古调不弹		【古调不弹】gǔ diào bù tán 古调：古代的曲调。陈旧的曲调不再弹。比喻陈旧的东西不受欢迎。唐·刘长卿《刘随州集·听弹琴》诗：“泠（líng）泠七弦上，静听松风寒。古调虽自爱，今人多不弹。”（泠泠，形容声音清越。）

截然不同		【截然不同】jié rán bù tóng 截然：像割断一样，形容界限分明的样子。事物之间。界限分明，全然不一样。清·黄宗羲《余姚至省下路程沿革记》："是故吾邑风气朴略，较之三吴，截然不同，无他，地使之然也。"
进寸退尺		【进寸退尺】jìn cùn tuì chǐ 进一寸，退一尺。比喻得不偿失。《老子》六十九章："用兵有言：吾不敢为主而为客，不敢进寸而退尺。"
惊蛇入草		【惊蛇入草】jīng shé rù cǎo 形容草书的笔势矫健迅捷。《宣和书谱·草书七》："（释亚栖）自谓吾书不论大小，得其中道，若飞鸟出林，惊蛇入草。"
金蝉脱壳		【金蝉脱壳】jīn chán tuō qiào 用一物或一件事作掩护，设法逃脱。《初刻拍案惊奇》三四回："我专心为你，岂复有他恋？只要做得没个痕迹，如金蝉脱壳方妙。"

人以群分		【人以群分】rén yǐ qún fēn 人按照其好坏而形成集团，因而能互相区别。指好人常同好人结成朋友，坏人常跟坏人结成一伙。语本《周易·系辞上》“方以类聚，物以群分”。
秋毫之末		【秋毫之末】qiū háo zhī mò 秋毫：鸟兽在秋天新长的细毛。秋毫的末端。比喻极微小的事物。《孟子·梁惠王上》：“明足以察秋毫之末，而不见舆薪，则王许之乎？”
却之不恭		【却之不恭】què zhī bù gōng 却：推辞，拒绝。拒绝别人的馈赠或邀请是对人不恭敬。后用作接受馈赠或邀请时的客套话。《孟子·万章下》：“‘却之为不恭’，何哉？”
骑马找马		【骑马找马】qí mǎ zhǎo mǎ 《景德传播灯录·志公和尚大乘赞》：“不解即心即佛，真似骑驴觅驴。”后多用“骑马找马”比喻东西就在身边，还到处去找。也比喻一面占据着已有的，一面还去寻找更称心的。老舍《骆驼祥子》一：“他得一边儿找事，还得一边儿拉散座，骑马找马，他不能闲起来。”

未老先衰		【未老先衰】wèi lǎo xiān shuāi 唐·白居易《叹发落》诗："多病多愁心自知，行年未老发先衰。"后用"未老先衰"指年纪不大就已显出衰弱之态。欧阳山《三家巷》一六一："何守礼讥笑他未老先衰，他还强嘴扯臊道：'你懂什么？这正是叫做少年老成。'"
无的放矢		【无的放矢】wú dì fàng shǐ 的：靶子。矢：箭。没有目标乱放箭。比喻说话做事没有明确目的，或不切合实际。
唯唯诺诺		【唯唯诺诺】wěi wěi nuò nuò 唯、诺：表示同意的应答声。《韩非子·八奸》："此人主未命而唯唯，未使而诺诺，先意承旨，观貌察色，以先主心者也。"后用"唯唯诺诺"形容自己没有主见，只是一味地顺从。《醒世恒言》卷二："他思念父母面上，一体同气，听其教诲，唯唯诺诺，并不违拗。"
一窍不通		【一窍不通】yī qiào bù tōng 《吕氏春秋·过理》汉·高诱注："故孔子言其一窍通则比干不见杀也。"原指人心窍不通，后比喻一点都不懂。《醒世恒言》卷三五："这萧颖士又非黑漆皮灯，泥塞竹管，是那一窍不通的蠢物。"

起承转合		【起承转合】qǐ chéng zhuǎn hé　诗文写作结构章法方面的术语。“起”是开端；“承”是承接上文加以申述；“转”是转折，从正面反面立论；“合”是结束全文。有时比喻固定、呆板的公式。
漆黑一团		【漆黑一团】qī hēi yī tuán　形容一片黑暗或什么也不知道。也作“一团漆黑”。
年高德劭		【年高德劭】nián gāo dé shào　劭：美好。年纪大，德行好。劭，也作“邵”。汉·扬雄《法言·孝至》：“吾闻诸传，老则戒之在得，年弥高而德弥，
千变万化		【千变万化】qiān biàn wàn huà 形容变化极多。汉·贾谊《鹏鸟赋》：“合散消息兮，安有常则；千变万化兮，未始有极。”

衔华佩实		【衔华佩实】xián huá pèi shí 华：花。指草木开花结果。南朝梁·沈约《愍衰草赋》：“昔时兮春日，昔日兮春风，衔花兮佩实，垂绿兮散红。”后多比喻文章的形式与内容都完美。清·王士禛《带经堂诗话·真诀类》：“根柢源于学问，兴会发于性情。于斯二者兼之，……故能衔华佩实，大放厥词，自名一家。”
无伤大体		【无伤大体】wú shāng dà tǐ 伤：妨害，损害。大体：事物的主体。对事物的主要方面没有什么妨害。《清诗话续编·静居续言》：“后人摘（陆游）集中累句讥之，亦是吹毛求疵，无伤大体，自有公论。”
响遏行云		【响遏行云】xiǎng è xíng yún 遏：阻止。形容歌声、乐音等嘹亮悠扬，高入云霄，连浮动着的云彩也被止住了。《列子·汤问》：“抚节悲歌，声振林木，响遏行云。”
摇摇欲坠		【摇摇欲坠】yáo yáo yù zhuì 摇摇：动摇的样子。欲：将要。坠：掉下。很快要掉下来。形容十分危险。也比喻将要垮台。《三国演义》一〇四回：“其色昏暗，摇摇欲坠。”

坐收渔利		【坐收渔利】zuò shōu yú lì 见“坐收渔人之利”。
作壁上观		【作壁上观】zuò bì shàng guān 壁：营垒的围墙，这里指营垒。《史记·项羽本纪》：“当是时，楚兵冠诸侯。诸侯军救钜鹿下者十余壁，莫敢纵兵。及楚击秦，诸将皆从壁上观。”后用“作壁上观”比喻坐观成败，不肯出力帮助争斗者中的一方。《花月痕》五〇回：“可笑当事的人，尚复唯唯诺诺，粉猸升平，袖手作壁上观。”
作舍道边		【作舍道边】zuò shě dào biān 比喻众说纷纭，莫衷一是，作事难成。《后汉书·曹褒传》：“谚言作舍道边，三年不成。”
座无虚席		【座无虚席】zuò wú xū xí 席：座位。《晋书·王浑传》：“浑抚循羁旅，虚怀绥纳，座无空席，门不停宾，于是江东之士莫不悦附。”后多作“座无虚席”，形容听众、观众出席的人很多。

装潢门面		【装潢门面】zhuāng huáng mén miàn 装潢：原指裱糊字画，现在也指器物或商品外表的装饰；门面：原指商店的门墙及营业的地方，引申为外观、外表。比喻把外表装饰得漂亮，做给人看。
铸成大错		【铸成大错】zhù chéng dà cuò 《资治通鉴·唐昭宣帝天祐三年》载：唐末朱全忠自以为有恩于罗绍威，不断向罗索取财物，使罗的实力大大削弱。罗绍威后悔地说："合六州四十三县铁，不能为此错也。"后用"铸成大错"指造成很大的错识。姚雪垠《李自成》一卷一五章："倘若我晚回一步，岂不铸成大错。"
煮鹤焚琴		【煮鹤焚琴】zhǔ hè fén qín 把鹤煮了，把琴烧了。比喻鲁莽庸俗的人糟蹋美好的事物。宋·胡仔《苕溪渔隐丛话》卷二十二引《西清诗话》："义山《杂纂》，品目数十，盖以文滑稽者。其一曰杀风景，谓清泉濯足，花下晒裈，背山起楼，烧琴煮鹤。"
钟鸣鼎食		【钟鸣鼎食】zhōng míng dǐng shí 鼎食：将鼎排列起来进食。古时贵族吃饭，击钟、列鼎而食。形容生活极为奢侈豪华。唐·王勃《秋日登洪府滕王阁饯别序》："闾阎扑地，钟鸣鼎食之家。"

凫趋雀跃		【凫趋雀跃】fú qū què yuè 凫：野鸭。趋：快走。像野鸭快走，像鸟雀跳跃。形容人欢欣鼓舞的样子。唐·卢照邻《穷鱼赋》：“渔者观焉，乃具竿索、集朋党，凫趋雀跃，风驰电往，竞下任公之钓，争陈豫且之网。”
含饴弄孙		【含饴弄孙】hán yí nòng sūn 饴：麦芽糖。弄：逗。含着糖逗小孙子。形容老年人悠闲的家庭乐趣。《东观汉记·明德马皇后传》：“吾但当含饴弄孙，不能复知政事。”
克尽厥职		【克尽厥职】kè jìn jué zhí 克：能够；厥：其，他的。能够尽他的职守，做好自身的工作。
鬼蜮伎俩		【鬼蜮伎俩】guǐ yù jì liǎng 蜮：传说中能暗中含沙射人的怪物。伎俩：手段、花招。指阴险卑劣的手段。清·梁章钜《浪迹从谈·鸦片》：“盖匪徒之畏法，不如其骛利，揆其鬼蜮伎俩，法令亦有时而穷。”

毫发不爽		【毫发不爽】háo fà bù shuǎng 毫：细毛；发：头发；爽：差错，失误。形容一点也不差。
厚颜无耻		【厚颜无耻】hòu yán wú chǐ 颜：脸面，脸皮。南朝齐·孔稚丗《北山移文》："岂可使芳杜厚颜，薜荔无耻。"后用"厚颜无耻"形容厚着脸皮，不知羞耻。老舍《四世同堂》八九："他所有的成就全仗着两样东西：自己的厚颜无耻与北平人的逆来顺受。"
臭不可当		【臭不可当】chòu bù kě dāng 当：承受。臭得使人受不了。唐·柳宗元《河东先生集·东海若》："东海若陆游，登孟猪之阿，得二瓠焉。刳而振其犀以嬉，取海水杂粪壤蛲蚘而实之，臭不可当也。"
大有作为		【大有作为】dà yǒu zuò wéi 作为：可以做的事。能充分发挥才能，做出重大成绩。《孟子·公孙丑下》"故将大有为之君，必有所不召之臣，欲有谋焉则就之。"

朋比为奸		【朋比为奸】péng bǐ wéi jiān 朋比：互相勾结在一起。为：做。指互相勾结在一起做坏事。宋·高登《上渊圣皇帝书》："此曹当尽伏诛，今且偃然自恣，尚欲朋比为奸，蒙蔽天日。"
决一雌雄		【决一雌雄】jué yī cí xióng 《史记·项羽本纪》："愿与汉王挑战决雌雄，毋徒苦天下之民父子为也。"后用"决一雌雄"指比高低，决定胜负。《三国演义》一〇〇回："吾与汝决一雌雄！汝若能胜，吾誓不为大将！"
克敌制胜		【克敌制胜】kè dí zhì shèng 克：战胜。打败敌人，取得胜利。《水浒传》二〇回："今番克敌制胜，谁人及得先生良法。"
兰摧玉折		【兰摧玉折】lán cuī yù zhé 《世说新语·言语》："毛伯成既负其才气，常称：'宁为兰摧玉折，不作萧敷艾荣。'"意为像兰草摧折，美玉被毁，比喻保守节操而死。后常用来悼念贤才早逝。明·张岱《祭伯凝八弟文》："余虽昆季，义犹友朋。兰摧玉折，实难为情。"

克勤克俭		【克勤克俭】kè qín kè jiǎn 克：能够。《尚书·大禹谟》："克勤于邦，克俭于家。"后用"克勤克俭"指既能勤劳，又能节俭。《乐府诗集·撤豆》："克勤克俭，无怠无荒。"
丑态百出		【丑态百出】chǒu tài bǎi chū 丑态：令人厌恶的举动或样子。各种各样的丑恶样子都表现了出来。
初写黄庭		【初写黄庭】chū xiě huáng tíng 黄庭：道家经典《黄庭经》，晋人有《黄庭经》小楷书贴。旧时评论书法有"初写黄庭，恰到好处"的成语。后来就用"初写黄庭"比喻做事恰到好处。
初出茅庐		【初出茅庐】chū chū máo lú 茅庐：草屋。东汉末，诸葛亮隐居南阳，刘备三次到茅庐拜访，诸葛亮才答应出山。当时刘备被曹操攻打，形势危急。诸葛亮设计，在博望坡用火攻曹军，取得重大胜利。《三国演义》三九回："博望相持用火攻，指挥如意笑谈中；直须惊破曹公胆，初出茅庐第一功。"后用"初出茅庐"指刚出来做事或刚步入社会。

见兔顾犬		【见兔顾犬】jiàn tù gù quǎn 顾：回头看。《战国策·楚策四》："见兔而顾犬，未为晚也；亡羊而补牢，未为迟也。"后用"见兔顾犬"比喻事情虽紧急，及时采取措施，尚未为晚。梁启超《我政府之对俄政策》："夫见兔顾犬，或未为晚，今能议及，岂不犹愈于已。"
诲盗诲淫		【诲盗诲淫】 huì dào huì yín 诲：教导，诱导；淫：邪恶。《周易·系辞上》："慢藏诲盗，冶容诲淫。"意思是自己的财物不好好保管，无异于招致坏人来偷盗；女子打扮得妖里妖气，无异于引诱别人来调戏。现在多指做了引诱人去干盗窃淫邪的坏事。也作"诲淫诲盗"。
梁上君子		【梁上君子】liáng shàng jūn zǐ 《后汉书·陈寔传》："有盗夜入其室，让于梁上，寔阴见，乃起自整拂，呼命子孙，正色训之曰：'夫人不可不自勉。不善之人，未必本恶性，习以性成，遂至于此。梁上君子者是矣！'盗大惊，自投于地。"后"梁上君子"成为窃贼的代称。宋·苏轼《东坡志林·梁上君子》："近日颇多贼，两夜皆来入吾室。吾近护魏王葬，得数千缗，略已散去，此梁上君子当是不知耳。"
夙兴夜寐		【夙兴夜寐】sù xīng yè mèi 夙：早。兴：起来。寐：睡觉。早起晚睡，形容勤奋辛劳。《诗经·大雅·抑》："夙兴夜寐，洒扫庭内，维民之章。"也作"晨兴夜寐"。《聊斋志异·细柳》："生不忍以家政累之，仍欲自任，女又不肯。晨兴夜寐，经纪弥勤。"

臭名远扬		【臭名远扬】chòu míng yuǎn yang 扬：传播。坏名声传得很远。李国文《冬天里的春天》三章："石湖水上人家的名声，在四乡八邻的心目里，是不雅的……最糟糕的就是顺手牵羊式的小偷小摸，弄得臭名远扬。"
含沙射影		【含沙射影】hán shā shè yǐng 晋·干宝《搜神记》卷一二："汉光武中平中，有物处于江水，其名曰蜮，一曰短狐，能含沙射人。所中者，则身体筋急，头痛发热，剧者至死。"后用"含沙射影"比喻在暗中诽谤中伤人。唐·白居易《读史五首》诗之四："含沙射人影，虽病人不知。巧言构人罪，至死人不疑。"
怀璧其罪		【怀璧其罪】huái bì qí zuì 身藏宝玉，因此获罪。《左传·桓公十年》："虞叔有玉，虞公求旃。弗献，既而悔之，曰：'周谚有之：“匹夫无罪，怀璧其罪。”吾焉用此，其以贾害也。'乃献之。"后比喻因有才能而遭人嫉妒隐害。宋·张扩《谢人惠团茶》："修贡之余远分寄，怀璧其罪渠敢当。"
拂袖而去		【拂袖而去】fú xiù ér qù 拂：甩动。把衣袖一甩就走了。形容飘然离去。《景德传灯录·汝州宝应和尚》："白云：'别无好物人事，从许州买得一口江西剃刀来献和尚。'……师云：'侍者收取。'明拂袖而去。"也形容因生气而离去。

怀瑾握瑜		【怀瑾握瑜】huái jǐn wò yú 瑾、瑜：美玉，比喻美德。怀里装着瑾，手里握着瑜。比喻人有高尚纯洁的品德。《梁书·豫章王综传》："怀瑾握瑜空掷去，攀松折桂谁相许。"也作"握瑜怀瑾"。
恒河沙数		【恒河沙数】héng hé shā shù 恒河：南亚大河。本佛教用语，像恒河里的沙子那样难以计数。形容数量极多。《金刚经·无为福胜分》："以七宝满尔所恒河沙数三千大千世界，以用布施。"
化整为零		【化整为零】huà zhěng wéi líng 把一个整体分散为许多零散部分。高云览《小城春秋》三二章："厦联社的小组活动已经化整为零，由各学校组织各式各样的研究会。"
奉行故事		【奉行故事】fèng xíng gù shì 奉行：尊奉执行。故事：旧日的老办法或老制度。指按老办法、老制度办事。《汉书·魏相传》："相明《易经》，有师法，好观汉故事及便宜章奏，以为古今异制，方今务在奉行故事而已。"

冠盖如云		【冠盖如云】guān gài rú yún 冠：古代官吏的礼帽；盖：车篷；如云：形容很多。旧时形容有集会时官吏士绅很多。
喙长三尺		【喙长三尺】huì cháng sān chǐ 喙：嘴。嘴有三尺长。形容人能言善辩。《庄子·徐无鬼》：“丘愿有喙长三尺。”宋人伪托唐·冯贽《云仙杂记》引《朝野佥载》：“陆余庆为洛州长史，善论事而谬于判决。时嘲之曰：‘说事即喙长三尺，判字则手重五斤。’”
桴鼓相应		【桴鼓相应】fú gǔ xiāng yìng 桴：鼓槌。应：应和。鼓槌击鼓，鼓相应和而发声。比喻互相配合紧密、感应迅速。
化零为整		【化零为整】huà líng wéi zhěng 把分散的事物或人力集中起来。

念兹在兹		【念兹在兹】niàn zī zài zī 念：记念；兹：此，这个。念念不忘于某一件事情。语出《尚书·大禹谟》。
留有余地		【留有余地】liú yǒu yú dì 说话、办事，留下可以回旋的地步或地方。
青州从事		【青州从事】qīng zhōu cóng shì 青州：古代州名，辖在今山东省东部及北部一带；从事：古代官名。美酒的隐语。南朝·宋·刘义庆《世说新语·术解》记载，桓温手下的一个助手善于辨别酒的好坏，他把好酒叫做“青州从事”，因为青州的辖境内有个齐郡，意思是好酒喝下去，酒气可以直到脐部；他把坏酒叫做“平原督邮”，因为平原的辖境内有个鬲县，意思是坏酒喝下去，酒气只能达膈部。
计出万全		【计出万全】jì chū wàn quán 万全：非常周到安全。《汉书·晁错传》：“帝王之道，出于万全。”后用“计出万全”形容计策谋划周密安全，万无一失。《红楼梦》六四回：“贾琏只顾贪图二姐美色，听了贾蓉一篇话，遂为计出万全，将现今身上有服，并停妻再娶，严父妒妻，种种不妥之处，皆置之度外了。”

偶一为之		【偶一为之】ǒu yī wéi zhī 为：做。偶尔做一次。宋·欧阳修《纵囚论》："若夫纵而来归而赦之，可偶一为之耳。"
不以一眚掩大德		【不以一眚掩大德】bù yǐ yī shěng yǎn dà dé 以：因；眚：过失，错误；德：德行，也指功劳、贡献。不能因为一次小的过错就抹杀了大的功绩。语出《左传·僖公三十三年》。
乞哀告怜		【乞哀告怜】qǐ āi gào lián 乞：乞讨。告：请求。乞求别人的怜悯。毛泽东《中国社会各阶级的分析》："荒年暴月，向亲友乞哀告怜，借得几斗几升，敷衍三日五日，债务丛集，如牛负重。"
尺幅万里		【尺幅万里】chǐ fú wàn lǐ 幅：布帛的宽度，引申为书画面或地面的广狭；尺幅：指一尺见方的画幅。形容图画篇幅虽小，可是概括力极强，寓意很深。原作"咫尺万里"。《南史·竟陵文宣王子良传》："幼好学，有文才，能书善画，于扇上图山水，咫尺之内，便觉万里为遥。"

工力悉敌		【工力悉敌】gōng lì xī dí 工力：功夫和力量；悉：完全；敌：相等。双方的功夫和力量完全相等，不分上下。常指艺术方面的造诣。宋·计有功《唐诗纪事卷三·上官昭容》：“中宗正月晦日，幸昆明池赋诗，群臣应制百余篇，帐殿前结彩楼，命昭容选一首为新翻御制曲……既进，唯沈（沈佺期）宋（宋之问）二诗不下，又移时，一纸飞坠，竞取而观，乃沈诗也。及闻其评曰：‘二诗工力悉敌。’”
妇姑勃谿		【妇姑勃谿】fù gū bó xī 妇：儿媳。姑：婆婆。勃谿：争吵。儿媳与婆婆争吵。比喻为了小事而争吵。《庄子·外物》：“室无空虚，则妇姑勃谿。”
敷衍塞责		【敷衍塞责】fū yǎn sè zé 敷衍：做事不认真；塞责：搪塞责任。工作不认真负责，表面应付。
佛头着粪		【佛头着粪】fó tóu zhuó fèn 《五灯会元·东寺如会禅师》：“公见鸟雀于佛头上放粪，乃问：‘鸟雀还有佛性也无？’师云：‘有。’公云：‘为甚么向佛头上放粪？’师云：‘是伊为甚么不向鹞子头上放？’”后用“佛头着粪”比喻美好的东西因加上了不好的东西而被玷污。多用作自谦语。

跳梁小丑		【跳梁小丑】tiào liáng xiǎo chǒu 跳梁：蹦蹦跳跳。小丑：卑鄙藐小的人。指行为猖狂、到处捣乱的卑鄙小人。陈白尘《〈大风歌〉首演献辞》："况且这批跳梁小丑，不正是贼喊捉贼，以批判几部历史剧诬人影射而起家发迹的么？"
镜花水月		【镜花水月】jìng huā shuǐ yuè 镜中的花，水里的月。宋·黄庭坚《沁园春》词："镜里拈花，水中捉月，觑著无由得近伊。"后用"镜花水月"指虚幻、不现实的景象。《说岳全传》六一回："众僧道：'阿弥陀佛！为人在世，原是镜花水月……'"
狂奴故态		【狂奴故态】kuáng nú gù tài 狂：任性。奴：本指奴仆，也用为昵称。故态：老样子，老脾气。指放荡不羁的人的老脾气。《后汉书·严光传》载：光与光武帝刘秀曾是同学，在刘秀即位后隐居。司徒侯霸与严光有旧，差人请严光相见，严光投一札给来人，口授道："君房（侯霸字）足下：位至鼎足，甚善。怀仁辅义天下悦，阿谀顺旨要领绝。"侯霸把信交给刘秀，刘秀笑道："狂奴故态也。"
戟指怒目		【戟指怒目】jǐ zhǐ nù mù 戟指：竖起食指中指指着人。手指指着人，眼睛瞪得大大的。形容怒骂时的样子。

袍笏登场		【袍笏登场】páo hù dēng chǎng 袍：指官服。笏：古代官员上朝时所执的手板，用于记事。身穿官服，手执笏板，登台演戏。比喻上任做官。多含讽刺意。清·赵翼《数月内频送南雷、述庵、淑斋诸人赴京补官，戏作三首》诗之二："袍笏登场也等闲，惹他动色到柴关。"
匿影藏形		【匿影藏形】nì yǐng cáng xíng 匿：隐藏。隐藏形迹，不露真相。《邓析子·无厚篇》："藏形匿影。"
堆金积玉		【堆金积玉】duī jīn jī yù 形容财富很多。唐·吕岩《敲爻歌》："堆金积玉满山川，神仙冷笑应不采。"
疾首蹙额		【疾首蹙额】jí shǒu cù é 疾首：头痛。蹙额：皱眉头。《孟子·梁惠王下》："今王鼓乐于此，百姓闻王钟鼓之声，管籥之音，举疾首蹙额而相告曰：'吾王之好鼓乐，夫何使我至于此极也，父子不相见，兄弟妻子离散。"后用"疾首蹙额"形容厌恶痛恨的样子。

悔不当初		【悔不当初】huǐ bù dāng chū 悔：后悔。当初：开头。后悔当初没有那样做或不该这样做。唐·薛昭纬《谢银工》诗："早知文字多辛苦，悔不当初学冶银。"
荆棘载途		【荆棘载途】jīng jí zài tú 荆棘：丛生的多刺植物；载途：充满道路。满路都是荆棘。比喻处境困难，障碍极多。
嗟悔无及		【嗟悔无及】jiē huǐ wú jí 嗟悔：叹息后悔。叹息后悔也来不及了。《汉书·晁错传》："夫以人之死争胜，跌而不振，则悔之无及矣。"
嗟来之食		【嗟来之食】jiē lái zī shí 嗟：呼语。《礼记·檀弓下》："齐大饥，黔敖为食于路，以待饿者而食之。有饿者蒙袂辑屦，贸贸然来。黔敖左奉食，右执饮，曰：'嗟！来食。'扬其目而视之，曰：'予唯不食嗟来之食，以至于斯也！'从而谢焉，终不食而死。"原指因怜悯人饥饿，而不客气地呼人来吃的食物。后多用来指污辱性的施舍。《后汉书·列女传》："妾闻志士不饮盗泉之水，廉者不受嗟来之食。"

犯上作乱		【犯上作乱】fàn shàng zuò luàn 犯上：冒犯尊长。作乱：闹乱子。《论语·学而》："其为人也孝弟，而好犯上者，鲜矣；不好犯上，而好作乱者，未之有也。"后用"犯上作乱"指冒犯尊长或地位高的人，搞叛逆活动。清·孔尚任《桃花扇·截矶》："那黄得功一介武夫，还知报效，俺们倒肯犯上作乱不成？"
觥筹交错		【觥筹交错】gōng chóu jiāo cuò 觥：酒杯。筹：行酒令所用的筹码。交错：交互错杂。酒杯和酒筹交互错杂。形容宴饮欢乐。宋·欧阳修《醉翁亭记》："宴饮之乐，非丝非竹，射者中，奕者胜，觥筹交错，起坐而喧哗者，众宾欢也。"
丰取刻与		【丰取刻与】fēng qǔ kè yǔ 丰：多。刻：苛刻。与：给予。从百姓那里取的多，给予百姓的少。形容对百姓刻薄寡恩，残酷剥削。《荀子·君道》："上好贪利，则臣下百吏乘是而后丰取刻与，以无度取于民。"
奉为圭臬		【奉为圭臬】fèng wéi guī niè 奉：信奉，尊奉。圭臬：古代用以测日影的仪器，比喻法度或准则。指把某些事物或言论尊奉为准则。清·钱泳《履园丛话·书学·总论》："三公者，余俱尝亲炙，奉为圭臬，何敢妄生议论。"

家贫如洗		【家贫如洗】jiā pín rú xǐ 家里穷得一无所有，像水洗过一样。形容极端贫困。元·秦简夫《剪发待宾》一折：“小生幼习儒业，颇读诗书，争奈家贫如洗。”
狐裘羔袖		【狐裘羔袖】hú qiú gāo xiù 裘：大衣。羔：指羊皮。狐皮大衣却以羊皮作袖。比喻大体还好，略有不足。《左传·襄公十四年》：“余狐裘而羔袖。”
抑扬顿挫		【抑扬顿挫】yì yáng dùn cuò 抑：降低。扬：提高。顿：停顿。挫：转折。指声音的高低起伏和停顿转折。晋·陆机《遂志赋序》：“衍抑扬顿挫，怨之徒也。”
囊空如洗		【囊空如洗】náng kōng rú xǐ 囊：口袋，指钱袋。口袋空空，像水洗过一样。形容一个钱也没有。《警世通言》卷三二：“十娘与公子在枕边，议及终身之事。公子道：‘我非无此心。但教坊落籍，其费甚多，非千金不可。我囊空如洗，如之奈何！”

大放厥词		【大放厥词】dà fàng jué cí 厥：其。词：或作“辞”。原指极力铺陈辞藻。唐·韩愈《祭柳子厚文》：“玉佩琼琚，大放厥辞。”
寥若晨星		【寥若晨星】liáo ruò chén xīng 寥：稀少。像早晨天空的星星那样稀少。唐·韩愈《华山女》诗：“黄衣道士亦讲说，座下寥落如明星。”后用“寥若晨星”形容数量少。
世态炎凉		【世态炎凉】shì tài yán liáng 世态：指社会上的人情世故。炎：热，比喻亲热。凉：比喻冷淡。形容一些人在别人得势时就巴结奉承，别人失势时就冷淡疏远。宋·文天祥《杜架阁》：“昔趋魏公子，今事霍将军，世态炎凉甚，交情贵贱分。”也作“炎凉世态”。
葭莩之亲		【葭莩之亲】jiā fú zhī qīn 葭莩：芦苇茎中的薄膜。比喻关系疏远的亲戚。《汉书·中山靖王胜传》：“今群臣非有葭莩之亲，鸿毛之重，群居党议，朋友相为，使夫宗室摈却，骨肉冰释。”

蜂虿有毒		【蜂虿有毒】fēng chài yǒu dú 虿：蝎子一类的毒虫，尾部有毒刺。像蜂虿那样的小动物，其毒也可以伤人。比喻不能轻视有害的小事物。《左传·僖公二十二年》：“邾人以须句故出师，公卑邾，不设备御之。臧文仲曰：‘……君其无谓邾小，蜂虿有毒。’”
肯堂肯构		【肯堂肯构】kěn táng kěn gòu 肯：愿意。堂：建立堂基。构：架屋。《尚书·大诰》：“若考作室，既底法，厥子乃弗肯堂，矧肯构？”意为父亲要盖房子，已经定了计划，而儿子连堂基都不肯立，何况是盖起房子呢？后反其义用“肯堂肯构”比喻子孙后代能够继承父祖的事业。也作“肯构肯堂。”《醉醒石》七回：“家有严君，斯多贤子，肯构肯堂，流誉奕世。”
举例发凡		【举例发凡】jǔ lì fā fán 发凡：揭示全书要旨和通例。晋·杜预作《〈春秋〉序》，谓古人修史，“其发凡以言例，皆经国之常制，周公之垂法，史书之旧章”。后用“举例发凡”指阐述编书体例，概述全书旨要。南朝梁·刘勰《文心雕龙·史传》：“按《春秋》经传，举例发凡，自《史》《汉》以下，莫有准的，至邓璨《晋书》，始立条例。”
五世其昌		【五世其昌】wǔ shì qí chāng 世：代；其：文言虚词，这里有将要的意思。语出《左传·庄公二十二年》。意思是后代将要昌盛。旧时常用以祝颂新婚。

以汤止沸		【以汤止沸】yǐ tāng zhǐ fèi 汤：开水。沸：沸腾。用倒进开水的方法使水不再沸腾。比喻错误的处理方法会助长错误。《吕氏春秋·尽数》："夫以汤止沸，沸愈不止，去其火则止矣。"
倚官仗势		【倚官仗势】yǐ guān zhàng shì 倚、仗：凭借。指凭借着官位或势力（为非作歹）。
旋乾转坤		【旋乾转坤】xuán qián zhuǎn kūn 乾：八卦之一，代表天。坤：八卦之一，代表地。比喻从根本上改变已成的局面。唐·韩愈《潮州刺史谢上表》："陛下即位以来，躬亲听断，旋乾转坤，关机阖开，雷厉风飞，日月清照，天戈所麾，莫不宁顺"。
言听计从		【言听计从】yán tīng jì cóng 任何意见都听从照办。形容对某个人十分信任，依从。《魏书·崔浩传论》："属太宗为政之秋，值世祖经营之日，言听计从，宁廓区夏。"

因难见巧		【因难见巧】yīn nán jiàn qiǎo 因：由于；巧：巧妙。由于难度大而显出技艺巧妙。宋·欧阳修《六一诗话》：“得韵窄，则不复旁出，而因难见巧，愈险愈奇。”
血肉横飞		【血肉横飞】xuè ròu héng fēi 血肉四处飞溅。形容死伤时的惨状。
寅吃卯粮		【寅吃卯粮】yín chī mǎo liáng 寅、卯：古代用于纪年等的十二地支中的两个，寅在卯之前。寅年吃了卯年的粮食。比喻经济困难，入不敷出。《官场现形记》一五回：“就是我们总爷，也是寅吃卯粮，先缺后空。”
意气用事		【意气用事】yì qì yòng shì 意气：由主观和偏激而产生的情绪.指办事缺乏理智，只凭一时感情冲动。清·赵翼，廿二史札记·韩世忠》：“世忠固一代名将，然少年时意气用事，亦多有可议者。”

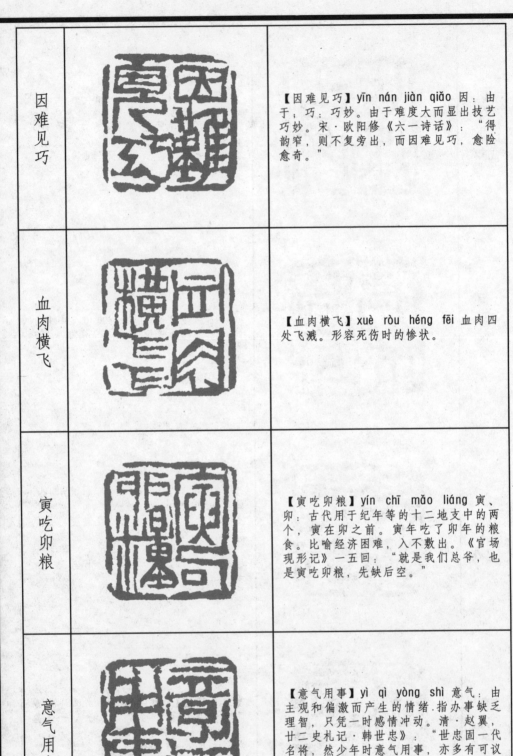

言外之意		【言外之意】yán wài zhī yì 宋·欧阳修《六一诗话》："圣俞常语予曰：'诗家……必能状难写之景，如在目前，含不尽之意，见于言外，然后为至矣。'"后用"言外之意"指没有明确表示，但别人能够体会出来的意思。
雪上加霜		【雪上加霜】xuě shàng jiā shuāng 比喻接连遭受灾难，使受害程度加深。《景德传灯录·文偃禅师》："诸和尚子，饶你有什么事，犹是头上著头，雪上加霜。"
一语道破		【一语道破】yī yǔ dào pò 一语：一句话。一句话就把真相说穿了。清·陈确《与张考夫书》："自唐虞至战国二千余年，圣人相传心法，一语道破。"
炫玉贾石		【炫玉贾石】xuàn yù gǔ shí 炫：夸耀，显示；贾：卖。给人看的是玉，而卖给人的却是石头。义同"挂羊头，卖狗肉"。唐·柳宗元《河东先生集·宜城县开国伯柳公行状》："是夫喋喋，炫玉而贾石者也。"

一手遮天		【一手遮天】yī shǒu zhē tiān 用一只手就能遮住天。比喻倚仗权势，欺蒙世人。明·张岱《石匮书·马士英阮大铖传》：“弘光好酒喜内，日异以荒淫，毫不省外事，而士英一手遮天，靡所不为矣。”
雪窖冰天		【雪窖冰天】xuě jiào bīng tiān 指严寒的地区。《宋史·朱弁传》：“叹马角之未生，魂销雪窖，攀龙髯而莫逮，泪洒冰天。”
依流平进		【依流平进】yī liú píng jìn 旧时指做官时按照资历循序前进。《南史·王骞传》：“吾家本素族，自可依流平进，不须苟求也。”（素族，寒门，不做官的人家。）
一丝不挂		【一丝不挂】yī sī bù guà 原是佛教徒用以比喻人没有一点牵挂。《楞严经》：“一丝不挂，竿木随身。”后来也形容人赤身裸体。宋·杨万里《清晓洪泽放闸》诗：“放闸老翁殊耐冷，一丝不挂下冰滩。”

以珠弹雀		【以珠弹雀】yǐ zhū tán què 明珠：明月珠，夜明珠。用夜明珠当弹丸去射鸟雀。比喻得不偿失。汉·扬雄《太玄·唐》：“明珠弹于飞肉，其得不复。测曰：明珠弹肉，费不当也。”梁·萧绎《金楼子·立言下》：“黄金满笥，不以投龟。明珠径寸，岂劳弹雀？”本作“随珠弹雀”。《庄子·让王》：“今且有人于此，以随侯之珠，投千仞之雀，世必笑之。是何也？以其所用者重，而所要者轻也。”
一网打尽		【一网打尽】yī wǎng dǎ jìn 比喻全部抓住或肃清。宋·魏泰《东轩笔录》卷四：“刘待制元瑜既弹苏舜钦，而连坐者甚众，同时俊彦，为之一空。刘见宰相曰：‘聊为相公一网打尽。’”
一知半解		【一知半解】yī zhī bàn jiě 知道、理解得不够全面透彻。老舍《四世同堂》二四：“敢在专家面前拿出自己的一知半解的人不是皇帝，便是比皇帝也许更糊涂的傻蛋。”
延颈企踵		【延颈企踵】yán jǐng qǐ zhǒng 延颈：伸长脖子；企踵：抬起脚跟。形容盼望急切。《汉书·箫望之传》：“天下之士，延颈企踵。争愿自效，以辅高明。”也作“延颈举踵”。《吕氏春秋·顺说》：“天下丈夫女子，莫不延颈举踵，而愿安利民。”

移宫换羽		【移宫换羽】yí gōng huàn yǔ 官、羽：古代五音的音调名。指乐曲改换音调。也比喻事物产生变化。宋·周邦彦《意难忘·美人》词：“知音见说无双，解移宫换羽，未怕周郎。”
因祸为福		【因祸为福】yīn huò wéi fú 遭遇灾祸，由于处理得当，因而转祸为福。《史记·苏秦列传》：“智者举事，因祸为福，转败为功。”
毅然决然		【毅然决然】yì rán jué rán 毅然：毫不犹豫地。形容意志坚决，毫不犹豫。《官场现形记》第五八回：“窦世豪得了这封信，所以毅然决然，借点原由同洋人反对，彼此分手，以免旁人议论，以保自己功名。”
隐姓埋名		【隐姓埋名】yǐn xìng mái míng 指隐瞒自己的真实姓名。元·王子一《误入桃源》一折：“不求闻达，隐姓埋名，做庄家学耕稼。”

衣冠楚楚		【衣冠楚楚】yī guān chǔ chǔ 冠：帽子。楚楚：鲜明整洁的样子。《诗经·曹风·蜉蝣》：“蜉蝣之羽，衣裳楚楚。”后多用来形容人衣着整洁、漂亮。元·无名氏《冻苏秦》四折：“想当初风尘落落谁怜悯，到今日衣冠楚楚争亲近。”
哑然失笑		【哑然失笑】yǎ rán shī xiào 哑（旧读è）然，形容笑声。失笑：不自主地发笑。情不自禁地笑出声来。《聊斋志异·王子安》：“王子安方寸之中，顷刻万绪，想鬼狐窃笑已久，故乘其醉而玩弄之，床头人醒，宁不哑然失笑哉？”
削木为吏		【削木为吏】xuē mù wéi lì 用木头刻削成狱吏。汉·司马迁《报任少卿书》：“故士有画地为牢，势不可入；削木为吏，议不可对，定计于鲜也。”意为即使用木头削成的狱吏，也不愿与之见面。形容狱吏严酷狠毒，令人深恶痛绝。
兴灭继绝		【兴灭继绝】xīng miè jì jué 使灭绝的重新振兴起来，延续下去。《论语·励士》：“夫发号布令，而人乐闻；兴师动众，而人乐战；交兵接刃，而人乐死。此三者，人主之所恃也。”

有口无心		【有口无心】yǒu kǒu wú xīn 指说话漫不经心，心里不存什么想法。《野叟曝言》四七回："他说咱们有口无心，欺软怕硬。"
饮马投钱		【饮马投钱】yìn mǎ tóu qián 《初学记》卷六引《三辅决录》："安陵清者有项仲仙（一作'山'），饮马渭水，每投三钱。"《风俗通·愆礼》："（太原郝子廉）每行饮水，常投一钱井中。"后用来比喻人廉洁不苟取。
依草附木		【依草附木】yī cǎo fù mù 比喻依附别人，不能自主。《全唐诗·五代·王周〈巫庙〉》诗："日既恃威福，岁久为精灵，依草与附木，诬诡殊不经。"
一团漆黑		【一团漆黑】yī tuán qī hēi 形容一片黑暗或什么也不知道。

胸中有数		【胸中有数】xiōng zhōng yǒu shù 指心中有底，了解具体情况。
亦步亦趋		【亦步亦趋】yì bù yì qū 步：走。趋：快走。《庄子·田子方》："夫子步亦步，夫子趋亦趋，夫子驰亦驰；夫子奔逸绝尘，而回瞠若乎后矣！"孔子的弟子颜回对孔子说，您慢走我也慢走，您快走我也快走。后用"亦步亦趋"比喻因缺乏主见，任何事都模仿、追随他人。明·朱之瑜《元旦贺源光国书八首》之六："今乃怡怡然亦步亦趋，恐非持满保泰之道也。"
以规为瑱		【以规为瑱】yǐ guī wéi zhèn 瑱：古人冠冕上垂在两侧以塞耳的玉。把规劝当作塞耳的瑱。《国语·楚语上》记载，白公子张规劝楚灵王，楚灵王很不高兴，说：你如再对我说这些，我虽不能采用，但我愿把它放在耳朵里。子张说：我说这些话是希望您采用的，不然，"其又以规为瑱也"。后来就用"以规为瑱"比喻不加重视，随便处理。
衣钵相传		【衣钵相传】yī bō xiāng chuán 本佛教用语。衣：指僧尼穿的袈裟；钵：僧尼盛饭的用具。中国禅宗师父将道法传授给徒弟常常举行授与衣钵的仪式。后来比喻一般师徒之间技术、学问的传授。《旧唐书·神秀传》："昔后魏末，有僧达摩者，本天竺王子，以护国出家入海，得禅宗妙法，云自释迦相传，有衣钵为记，世相传授。"

贻人口实		【贻人口实】yí rén kǒu shí 贻：给。口实：话柄。《尚书·仲虺之诰》："予恐来世以台为口实。"台：贻。后用"贻人口实"指因为言语、行动不慎，给人留下话柄。清·唐才常《上欧阳中鹄书》四："即统筹全局，非数十万金不能藏事，安得有此巨款？如此事果成，必贻人口实。"
义愤填膺		【义愤填膺】yì fèn tián yīng 义愤：对违反正义的事所产生的愤怒。膺：胸。指内心充满义愤。《孽海花》二五回："珏斋不禁义愤填膺，自己办了个长电奏，力请宣战。"
一塌刮子		【一塌刮子】yī tā guā zi 总合起来，总共，全部。
衣绣昼行		【衣绣昼行】yī xiù zhòu xíng 衣：穿衣；绣：锦绣。白天穿锦绣出行。旧时比喻在本乡做官，夸耀乡里。《三国志·魏志·张既传》："出为雍州刺史，太祖谓既曰：'还君本州，可谓衣绣昼行矣。'"

煊赫一时		【煊赫一时】xuān hè yī shí 煊赫：气势很盛。在一个时期内名声威势很盛。周而复《上海的早晨》三部二五：“煊赫一时的朱家，没想到死亡的死亡，坐监牢的坐监牢，活着的又是这副样子，只有她依靠徐义德，总算过得不错。”
血流漂杵		【血流漂杵】xuè liú piāo chǔ 杵：舂米的短木棰。血流成河，舂米的木棰都漂了起来。形容战争中杀人极多。《水浒传》八六回：“堂堂金鼓振天台，知是援兵特地来。莫向阵前干打哄，血流漂杵更堪哀。”
寻章摘句		【寻章摘句】xún zhāng zhāi jù 搜寻、摘取文章中的词句。多指读书、写作侧重推敲词句。不深究义理。《三国志·吴书·孙权传》南朝宋·裴松之注引《吴书》：“吴王浮江万艘，带甲百万，任贤使能，志存经略，虽有余闲，博览书传历史，借采奇异，不效诸生寻章摘句而已。”
惺惺作态		【惺惺作态】xīng xīng zuò tài 惺惺：这里指假惺惺，假意的样子。形容装模作样，故作姿态。

一行作吏		【一行作吏】yī xíng zuò lì 一经做了官。三国·魏·嵇康《与山巨源绝交书》："游山泽，观鱼鸟，心甚乐之。一行作吏，此事便废。"
因循守旧		【因循守旧】yīn xún shǒu jiù 因循：沿用旧办法。指一直沿用旧办法而不加改变。康有为《上清帝第五书》："若徘徊迟疑，因循守旧，一切不行，则幅员日割。"
隐约其辞		【隐约其辞】yǐn yuē qí cí 指说话绕弯子，不肯说出实际情况。辞，也作"词"。清·倪文正公与弟献汝二书》："无功为亲者讳，故隐约其辞不尽也。"
因利乘便		【因利乘便】yīn lì chéng biàn 因、乘：凭借，依靠。凭借形势的便利。汉·贾谊《过秦论》："因利乘便，宰割天下，分裂河山。"

悬河泻水		【悬河泻水】xuán hé xiè shuǐ 像瀑布那样倾泻不止。比喻说话、作文辞气奔放。《晋书·郭象传》："太尉王衍每云：'听象（郭象）语，如悬河泻水，注而不竭。'"
以蠡测海		【以蠡测海】yǐ lí cè hǎi 蠡：瓢。用瓢量海。比喻见识浅薄。汉·东方朔《答客难》："以管窥天，以蠡测海，以莛撞钟，岂能通其条贯，考其文理，发其声音哉。"
衣锦夜行		【衣锦夜行】yī jǐn yè xíng 衣（旧读yì）：穿。绣：指华丽衣服。晚上穿着锦绣衣服行走。多形容有了显耀的地位却不为人知。《史记·项羽本纪》："富贵不归故乡，如衣锦夜行，谁知之者。"
言之无物		【言之无物】yán zhī wú wù 指文论、文章空洞，没有实际内容。梁启超《书籍跋·刘蜕集》："言之无物，务尖险，晚唐之极敝也。"

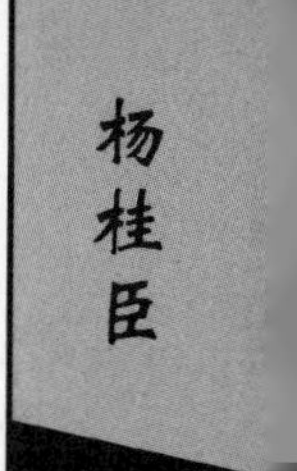

以蚓投鱼		【以蚓投鱼】yǐ yǐn tóu yú 蚓：蚯蚓，可作钓饵。以蚯蚓为饵来钓鱼。比喻用轻贱的引出贵重的。
一无是处		【一无是处】yī wú shì chù 一无：全无，丝毫没有。是：对，正确。没有一点正确的地方。
一相情愿		【一相情愿】yī xiāng qíng yuàn 一相：一边，指单方面。指仅是单方面意愿，而不考虑对方的意见及客观条件如何。《儿女英雄传》一〇回："自己先留个地步：一则保了这没过门女婿的性命，二则全了这一相情愿媒人的脸面。"
一无所长		【一无所长】yī wú suǒ cháng 没有一点专长。《东周列国志》九九回："今先生处胜门三年，胜未有所闻，是先生于文武一无所长也。"

寻根究底		【寻根究底】xún gēn jiū dǐ 追究事情发生的根底缘由。《红楼梦》一二〇回："似你这样寻根究底，便是刻舟求剑，胶柱鼓瑟了。"
倚老卖老		【倚老卖老】yǐ lǎo mài lǎo 倚：依仗。凭着年纪大而摆老资格。元·无名氏《谢金吾》一折："我尽让你说几句便罢，则管里倚老卖老，口里唠唠叨叨的说个不了。"
言之成理		【言之成理】yán zhī chéng lǐ 指言论、文章讲得有道理。《荀子·非十二子》："然而其持之有故，其之有理，足以欺惑愚众。是它嚣、魏牟也。"
削足适履		【削足适履】xuē zú shì lǚ 履：鞋。鞋小脚大，把脚削去一块来凑合鞋的大小。《淮南子·说林训》："骨肉相爱，谗贼间之，而父子相危；夫所以养而害所养，譬犹削足而适履，杀头而便冠。"后用"削足适履"比喻不合理地迁就凑合或不顾具体条件，生搬硬套。鲁迅《三闲集·怎么写》"倘作者如此牺牲了抒写的自由，即使极小部分，也无异于削足适履的。"

饮冰茹檗		【饮冰茹檗】yǐn bīng rú bò 檗：黄檗，一种乔木。喝冷水，吃苦檗。形容生活清贫。唐·白居易《三扑火刺使二首》诗之二："三年为刺使，饮冰复食檗。"
游手好闲		【游手好闲】yóu shǒu hào xián 游手：指手闲着不做事。好闲：喜欢安逸。指人游荡懒散，不愿劳动、工作。元·高文秀《遇上皇》一折："打骂你孩儿，有甚勾当，又不曾游手好闲，惹下祸殃。"
因人成事		【因人成事】yīn rén chéng shì 因：依靠。指依靠别人的力量把事情办成。《史记·平原君虞卿列传》："公等录录，所谓因人成事者也。"
一薰一莸		【一薰一莸】yī xūn yī yóu 薰：香草；莸：臭草。薰莸放在一起，香气就被臭气掩盖了。比喻善恶不同类，善常被恶掩盖。《左传·僖公四年》："一薰一莸，十年尚有余臭。"

一字褒贬		【一字褒贬】yī zì bāo biǎn 晋·杜预《春秋序》："《春秋》虽以一字为褒贬，然皆须数句以成言。"原指《春秋》微言大义，一字之中即寓褒贬。后形容用词严谨而有分寸。南朝陈·周弘正《谢梁元帝赉春秋糊屏风启》："岂若三体五例，对玩前史，一字褒贬，坐卧箴规。"
以求一逞		【以求一逞】yǐ qiú yī chěng 逞：如愿。企图达到不正当的目的。
一意孤行		【一意孤行】yī yì gū xíng 孤行：独自行事。指固执地依照己见行事不听劝告。宋·吴泳《祭陈司业文》："亶一意以孤行，羌众兆之所弃。"
一饮一啄		【一饮一啄】yī yǐn yī zhuó 《庄子·养生主》："泽雉十步一啄，百步一饮，不祈畜乎樊中。"（樊，笼）指生活顺应自然，逍遥自在。后有"一饮一啄，莫非前定"的说法，是宿命论的观点，与《庄子》原意不同。

郁郁寡欢		【郁郁寡欢】yù yù guǎ huān 郁郁：苦闷的样子。寡：少。指心情苦闷、不高兴。姚雪垠《李自成》二卷三四章："自从田妃谪居启祥宫后，她看出来皇上近来每日郁郁寡欢。"
有闻必录		【有闻必录】yǒu wén bì lù 闻：听到的。录：记录。只要听到，就都记录下来。
永永无穷		【永永无穷】yǒng yǒng wú qióng 形容时间极长，永无尽期。《汉书·景帝纪》："然后祖宗之功德，施于万世，永永无穷。"
忧患余生		【忧患余生】yōu huàn yú shēng 忧患：忧愁，困苦；余生：剩下的生命。指饱经艰难困苦之后保全下来的生命。

引商刻羽		【引商刻羽】yǐn shāng kè yǔ 商、羽：五音名。指讲究声律，造诣很深，而有最高成就的音乐演奏。
言之凿凿		【言之凿凿】yán zhī záo záo 凿凿（旧读zuò zuò）：确实。指话说得很确实。清·纪昀《阅微草堂笔记·滦阳消夏录四》：“宋儒据理谈天，自谓穷造化阴阳之本；于日月五星，言之凿凿，如指诸掌。”
胸无城府		【胸无城府】xiōng wú chéng fǔ 城府：城市和官府，指待人处事的心机。宋·汪藻《朝请大夫直秘阁致仕吴君墓志铭》：“君气豪语直……然胸次实洞然无城府关键。”后用“胸无城府”形容待人接物坦率真诚。
衅起萧墙		【衅起萧墙】xìn qǐ xiāo qiáng 衅：缝隙，引申为事端，祸端；萧墙：照墙。事端或祸端发生在照墙里面。比喻祸患产生于内部。《后汉书·傅燮传》：“此皆衅发萧墙而祸延四海也。”北周·庾信《周大将军司马裔神道碑》：“时值乱离，衅起萧墙。”

以儆效尤		【以儆效尤】yǐ jǐng xiào yóu 儆：告诫。效：仿效。尤：过错。通过处理某一坏人坏事，来警告学做坏事的人。《歧路灯》九三回："自宜按律究办，以儆效尤。"
怡情悦性		【怡情悦性】yí qíng yuè xìng 使心情舒畅愉快。《红楼梦》第十七回："如今上了年纪，且案牍劳烦，于这怡情悦性的文章更生疏了，便拟出来也不免迂腐。"
怡然自得		【怡然自得】yí rán zì dé 怡然：喜悦的样子。自得：舒适。形容高兴而满足的样子。唐·骆宾王《与博昌父老书》："今西成有岁，东户无为。野老清谈，怡然自得。"
一枕黄粱		【一枕黄粱】yī zhěn huáng liáng 黄粱：小米。煮一锅小米饭的时间，做了一场好梦。比喻虚幻，一场空。唐传奇《枕中记》里记载，有个卢生，在邯郸旅店遇到道士吕翁。卢自叹穷困，道士就借给他一个枕头，说枕了就会称心如意。这时店家正煮小米饭。卢生梦入枕中，享尽了一生的荣华富贵。一觉醒来，小米饭还没有熟。

仰不愧天		【仰不愧天】yǎng bù kuì tiān 指为人处事正派，问心无愧。《孟子·尽心上》："仰不愧于天，俯不怍于人，二乐也。"
一之谓甚		【一之谓甚】yī zhī wèi shèn 谓：叫作，算作。一次已经算是过分了。多用于劝阻人不要重犯错误。《左传·僖公五年》："晋不可启，寇不可玩，一之谓甚，其可再乎！"（玩，由于习惯了而不加注意。）
雪虐风饕		【雪虐风饕】xuě nüè fēng tāo 虐：暴虐；饕：贪残。风雪交加。形容严寒。宋·陆游《梅花》诗："幽香淡淡影疏疏，雪虐风饕亦自如。"
以夷伐夷		【以夷伐夷】yǐ yí fá yí 夷：旧指外族或外国，引申为敌人。比喻利用这一敌人去攻打另一敌人。《后汉书·邓训传》："以夷伐夷，不宜禁护。"也作"以夷制夷"。

以一警百		【以一警百】yǐ yī jǐng bǎi 警：告诫。惩罚一个人，告诫、提醒众人。《汉书·尹翁归传》："时其有所取也，以一警百，吏民皆服。"也作"以一儆百"。
应付裕如		【应付裕如】yìng fù yù rú 裕如：充裕地。从容应付，不费气力。
义形于色		【义形于色】yì xíng yú sè 指脸上显露出正义的神情。《公羊传·桓公二年》："孔父正色而立于朝，则人莫敢过而致难于其君者。孔父可谓义形于色矣。"
一叶知秋		【一叶知秋】yī yè zhī qiū 从一片落叶可以知道秋天的到来。《淮南子·说山训》："以小明大，见一叶落而知岁之将暮。"宋·赵长卿《品令·秋日感怀》词："情难托。离愁重、悄愁没处安著。那堪更、一叶知秋后，天色儿，渐冷落。"后用"一叶知秋"比喻从一点征兆可以预料事物发展的趋向。

以冰致蝇		【以冰致蝇】yǐ bīng zhì yíng 致：招引。用冰来招引苍蝇。比喻不能实现的事情。《吕氏春秋·功名》："以狸致鼠，以冰致蝇，虽工不能。"（狸，猫。）
严刑峻法		【严刑峻法】yán xíng jùn fǎ 峻：严厉。极为严厉的刑法。汉·王充《论衡·非韩》："使法峻，民无奸者；使法不峻，民多为奸。而不言明王之严刑峻法，而去求奸而诛之。"
一应俱全		【一应俱全】yī yīng jù quán 一应：一切；俱：都。形容一切俱备，应有尽有。
悬崖峭壁		【悬崖峭壁】xuán yá qiào bì 悬崖：又高又陡的山崖。峭壁：陡直的山崖。形容险峻的山势。《水浒传》八六回："众人打一看时，四面尽是高山，左右是悬崖峭壁，只见山川峻岭，无路可登。"

以怨报德		【以怨报德】yǐ yuàn bào dé 报：回报。用怨恨来回报别人的恩德。《国语·周语中》：“以怨报德，不仁。”
以碫投卵		【以碫投卵】yǐ duàn tóu luǎn 碫：磨刀石。用磨刀石去砸蛋。比喻以强攻弱，一定击破对方。《孙子·势篇》：“兵之所加，如以碫投卵者，虚实是也。”
遗臭万年		【遗臭万年】yí chòu wàn nián 遗：留下。臭：指不好的名声，《世说新语·尤悔》：“既不能流芳后世，亦不足复遗臭万载耶！”载：年。后用“遗臭万年”指坏名声一直流传，为人唾骂。《三国演义》九回：“将军若助董卓，乃反臣也，载之史笔，遗臭万年。”
颐指气使		【颐指气使】yí zhǐ qì shǐ 颐：腮帮子；颐指：用嘴部的表情示意；气使：用神情支使人。形容有权势的人傲慢地指挥别人。原作“目指气使”。《汉书·贡禹传》：“家富势足，目指气使。”

凶终隙末		【凶终隙末】xiōng zhōng xì mò 凶：杀人；隙：嫌隙，仇。指起先友好，后来感情破裂或成为仇人。形容好友变成仇人。《后汉书·王丹传》："张、陈凶其终，萧、朱隙其末，故知全之者鲜矣。"
循名责实		【循名责实】xún míng zé shí 循：依着。责：求。按着名称或名义去寻求实际内容，使得名实相符。《韩非子·定法》："今申不害言术，而公孙鞅为法。术者，因任而授官，循名而责实，操杀生之柄，课群臣之能者也，此人主之所执也。"
以耳代目		【以耳代目】yǐ ěr dài mù 用听到的来代替看到的。《儿女英雄传》一七回："据我那小东说来，十三妹姑娘怎的个孝义，怎的个英雄；我那老东人以耳为目，便轻信了这话。"后多作"以耳代目，"指不亲自调查，轻信传言。
依违两可		【依违两可】yī wéi liǎng kě 依违：赞成和反对；两可：二者都可以。对事态度模棱两可，不表示肯定的或否定的意见。

移天易日		【移天易日】yí tiān yì rì 易：更换。比喻用欺上压下的手法盗取国家权力。《晋书·齐王冏传》："赵庶人听任孙秀移天易日。"也作"移天徙日"。《北史·广平王传》："虽未指鹿为马，移天徙日，实使蕴藉之士，耸气座端，怀道之夫，结舌筵次。"
一手一足		【一手一足】yī shǒu yī zú 指一个人的力量。《礼记·表记》："后稷天下之为烈也，岂一手一足哉！"
血流如注		【血流如注】xuè liú rú zhù 注：灌。血流得像射出来的那样。形容血流得又多又急。《野叟曝言》五回："顺手一推，不料那和尚腻了油脸，正靠住供桌，直向他脑袋上戳进，霎时血流如注，抱头鼠窜而去。"
以汤沃雪		【以汤沃雪】yǐ tāng wò xuě 汤：开水。沃：浇。用开水浇雪。比喻十分容易。《淮南子·兵略训》："若以水灭火，若以汤沃雪，何往而不遂，何之而不用。"

引经据典		【引经据典】yǐn jīng jù diǎn 据：依据。指引用经典书籍作为依据。《官场现形记》三六回“终究唐二乱子秉性忠厚，被查三蛋引经据典一驳，便已无话可说。”
依人作嫁		【依人作嫁】yī rén zuò jià 也作“为人作嫁”。唐·秦韬玉《秦韬玉诗集·贫女》：“苦恨年年压金线，为他人作嫁衣裳。”原意是贫女没有钱置备嫁衣，却年年替别人缝嫁衣。后来就用“为人作嫁”比喻徒然为别人忙碌或在别人手下混生活。
迎刃而解		【迎刃而解】yíng rèn ér jiě 迎：当着，碰上；刃：刀口；解：分开。碰着刀口就分割开来了。比喻事情容易解决。《晋书·杜预传》：“今兵威已振，譬如破竹，数节之后，皆迎刃而解，无复着手处也。”
以售其奸		【以售其奸】yǐ shòu qí jiān 售：推销。用来推行他的奸计。

一无所能		【一无所能】yī wú suǒ néng 一点本领也没有。
营私舞弊		【营私舞弊】yíng sī wǔ bì 营：谋求。私：私利。舞弊：用欺骗的方式做违法乱纪的事。指为谋取私利，用欺骗方式做犯法的事。《二十年目睹之怪现状》一四回：“南洋兵船虽不少，叵奈管带的一味知道营私舞弊，那里还有公事在他心上。”
遗大投艰		【遗大投艰】yí dà tóu jiān 遗：留下；投：给予。赋予重大、艰难的任务。《尚书·大诰》：“予造天役，遗大投艰于朕身。”（朕，我。）
油腔滑调		【油腔滑调】yóu qiāng huá diào 形容说话轻浮，不诚恳。《二十年目睹之怪现状》七二回：“这京城里做买卖的人，未免太油腔滑调了。”

一日三省		【一日三省】yī rì sān xǐng 三：表示次数多。省：反省，内省。每日多次地检查自己的思想行为。表示善于反省自己。
左支右绌		【左支右绌】zuǒ zhī yòu chù 支：支撑。绌：不足。应付了这边，那边又有了问题。指力量不足。明·陈子龙《议财用》："饷不为少矣，而左支右绌，以至今日。"
众矢之的		【众矢之的】zhòng shǐ zhī dì 矢：箭。的：箭靶。比喻大家攻击的对象。
珠围翠绕		【珠围翠绕】zhū wéi cuì rào 珠：珍珠。翠：翡翠。形容妇女妆饰华贵。金·元好问《书贻第三女珍》诗："珠围翠绕三花树，李白桃红一捻春。"

张三李四		【张三李四】zhāng sān lǐ sì 泛指某人或某些人。宋·王安石《拟寒山拾得》诗：“张三裤口窄，李四帽檐长。”宋·释普济《五灯会元》卷十：“问：‘如何是佛？’师曰：‘张三李四。’”
指天画地		【指天画地】zhǐ tiān huà dì 形容直言指陈，没有顾忌。《后汉书·侯霸传》：“歆（韩歆）指天画地，言甚刚切，坐免，归田里。”
只字不提		【只字不提】zhī zì bù tí 只字：一个字。一个字也不提起。叶文玲《插曲》：“他实在不明白，为何对这事，柳婴又只字不提？”
转祸为福		【转祸为福】zhuǎn huò wéi fú 指灾祸转变为幸福。《战国策·燕策一》：“所谓转祸为福，因败成功者也。”

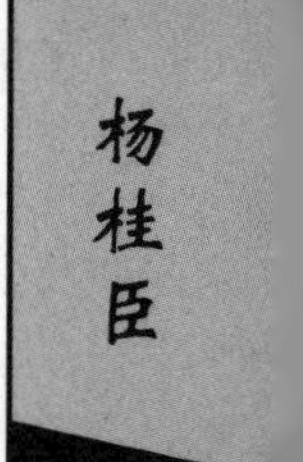

铢积寸累		【铢积寸累】zhū jī cùn lěi 铢：一两的二十四分之一。指一点一点地积累。多形容事物完成的艰难。宋·苏轼《裙靴铭》：“寒女之丝不识之字，不解之义，钉一小簿，用笔记出，遇着通晓之人就虚心请问，由此及彼，铢积寸累，自然日有进益。”也作“积铢累寸”。
左辅右弼		【左辅右弼】zuǒ fǔ yòu bì 辅、弼：古代辅助君王的重臣。泛指起重要辅助作用的人物。《晋书·潘尼传》：“左铺右弼，前疑后丞，一日万机，业业兢兢。”
自行其是		【自行其是】zì xíng qí shì 是：正确。自己实行认为正确的。形容固执己见。李英儒《野火春风斗古城》一章：“他清楚地知道，大女儿‘刁’，小女儿‘娇’。娇的他舍不得管，刁的他不敢管，只好冷眼看着她们自行其是了。”
自由放任		【自由放任】zì yóu fàng rèn 形容不受拘束地听其自然发展。

炙手可热		【炙手可热】zhì shǒu kě rè 炙：烤。手一靠近就感觉很烫。比喻气焰盛、权势大。唐·杜甫《丽人行》：“炙手可热势绝伦，慎莫近前丞相嗔。”
自出机杼		【自出机杼】zì chū jī zhù 机杼：织布机，比喻诗文的构思和布局。指诗文构思新颖独特。《魏书·祖莹传》：“文章须自出机杼，成一家风骨。”也作“自出机轴”。明·胡应麟《诗薮·近体下》：“右丞辋川诸作，却是自出机轴。”
指桑骂槐		【指桑骂槐】zhǐ sāng mà huái 比喻表面上骂这个人，实际上骂那个人。《红楼梦》五九回：“莺儿忙道：‘那是我们编的，你老别指桑骂槐。’”
坠茵落溷		【坠茵落溷】zhuì yīn luò hùn 茵：垫褥。溷：厕所。《梁书·范缜传》：“人之生譬如一树花，同发一枝，俱开一蒂，随风而堕，自有拂帘幌坠于茵席之上，自有关篱墙落于粪溷之侧。”后用“坠茵落溷”比喻人生境遇的不同，取决于偶然的机遇。

作法自毙		【作法自毙】zuò fǎ zì bì 法：法律。毙：死，指受害。《史记·商君列传》：“商君亡至关下，欲舍客舍。客人不知其是商君也，曰：‘商君之法，舍人无验者坐之。’商君喟然叹曰：‘嗟乎，为法之敝，一至此哉！’”后用“作法自毙”指自己立法反而使自己受害。
坐拥百城		【坐拥百城】zuò yōng bǎi chéng 百城：一百座城，比喻书多。《魏书·李谧（mì）传》：“丈夫拥书万卷，何假南面百城。”意思是只要拥有一万卷书，何必一定要做上管辖百城的大官。后来就用“坐拥百城”比喻藏书丰富。
坐视不救		【坐视不救】zuò shì bù jiù 坐着旁观别人受难，而不救助。宋·洪迈《夷坚志补·褚大震死》：“（褚大）凶愎不孝，乡里恶之。母尝堕水中，坐视不救，有他人援之，反加诟骂而殴之。”
兼而有之		【兼而有之】jiān ér yǒu zhī 几种情况、几方面特点同时具有。《墨子·法仪》：“奚以知天兼而爱之，兼而利之也？以其兼而有之，兼而食之也。”

趾高气扬		【趾高气扬】zhǐ gāo qì yáng 趾：脚趾，这里指脚。走路时脚抬得很高，十分神气。《战国策·齐策三》：“子教文无受象床，甚善。今何举足之高，志之扬也？”后用“趾高气扬”形容骄傲自满，得意忘形。
直言贾祸		【直言贾祸】zhí yán gǔ huò 贾：招致。指坦率发表意见招致祸害。《野叟曝言》四一回：“文太夫人早知文郎必以直言贾祸，潜避至此。”
指手画脚		【指手画脚】zhǐ shǒu huà jiǎo 指说话时兼用手势示意。也形容轻率地指点、批评。《二刻拍案惊奇》卷二：“或时看到闹处，不觉心痒、口里漏出着把来，指手画脚教人，定是寻常想不到的妙着。”
置身事外		【置身事外】zhì shēn shì wài 置：放。指把自己放在事情之外，毫不关心。

左右采获		【左右采获】zuǒ yòu cǎi huò 左手右手都有收获。《诗经·周南·关雎》："参差荇菜，左右采之。"后来就用"左右采获"比喻研究问题时材料熟悉，引证得当。《汉书·夏侯胜传》："胜从父子建，字子卿，自师事胜及欧阳高，左右采获。"
自掘坟墓		【自掘坟墓】zì jué fén mù 自己为自己挖掘坟墓。比喻自寻死路。郭沫若《北伐途次》："他们要出城来夜袭，那是他们自掘坟墓。"
诸如此类		【诸如此类】zhū rú cǐ lèi 诸：众多，凡。诸多像这一类的。也表示其他以此类推。《晋书·刘颂传》："诸如此类，亦不得已。"
追本穷源		【追本穷源】zhuī běn qióng yuán 本：树木的根；穷：深入探索；源：水流的源头。比喻追究事情发生的根源。

至死不变		【至死不变】zhì sǐ bù biàn 至：到。到死都不改变。语出《礼记·中庸》。
造谣生事		【造谣生事】zào yáo shēng shì 《孟子·万章上》宋·朱熹注："好事，谓喜造言生事之人也。"后多作"造谣生事"，指制造谣言，挑起事端。
诛心之论		【诛心之论】zhū xīn zhī lùn 诛心：推究其内心活动加以谴责。指揭露别人动机的批评或议论。《镜花缘》九〇回："他虽满嘴只说未将剪子带来，其实只想以手代剪。这个'撕'字乃诛心之论，如何不切！"
债台高筑		【债台高筑】zhài tái gāo zhù 形容欠债很多。

珠圆玉润		【珠圆玉润】zhū yuán yù rùn 像珍珠那样圆，像美玉那样滑润。比喻歌声婉转或文字流畅。清·周济《词辨》："北宋词多就景叙情，故珠圆玉润，四照玲珑。"
终南捷径		【终南捷径】zhōng nán jié jìng 终南：终南山，在今陕西西安西南。唐·刘肃《大唐新语·隐逸》载：唐代人卢藏用曾隐居在当时国都长安附近的终南山，由此赢得很大声誉，受到皇帝重用。比喻求名利的最近便是门路。也比喻达到目的的便捷途径。
自投罗网		【自投罗网】zì tóu luó wǎng 罗：捕鸟的网。三国魏·曹植《野田黄雀行》："不见篱间雀，见鹞自投罗。"后用"自投罗网"比喻自己进入对方设下的陷阱。
自我解嘲		【自我解嘲】zì wǒ jiě cháo 自己也感到不免要受嘲笑，因此就勉强地辩解。

装聋作哑		【装聋作哑】zhuāng lóng zuò yǎ 假装聋哑。形容故意不理睬，装作什么都不知道。装，也作“粧”。元·马致远《青衫泪》四折：“则这白侍郎正是我生死的冤家，从头认都不差，可怎生粧聋作哑？”
追根问底		【追根问底】zhuī gēn wèn dǐ 追求根底。一般指追问事情的原由。也作“寻根究底”。
追奔逐北		【追奔逐北】zhuī bēn zhú běi 北：指战败时的逃兵。追击败逃的敌人。形容作战的胜利。《史记·田单列传》：“燕军扰乱奔走，齐人追亡逐北。”《三国志·魏志·田畴传》：“单于身自临阵，太祖与交战，遂大斩获得，追奔逐北，至柳城，军还入塞。”
锥刀之末		【锥刀之末】zhuī dāo zhī mò 末：梢，尖端。比喻微小的利益。《左传·昭公六年》：“锥刀之末，将尽争之。”也作“锥刀之利”。《后汉书·舆服志》：“争锥刀之利，杀人若刈草。”

蛛网尘埃		【蛛网尘埃】zhū wǎng chén āi 被蛛网所缠绕，被尘土所封盖。形容居室、器物等长期封存而无人动用。也比喻陈旧、腐朽、肮脏的东西。
蛛丝马迹		【蛛丝马迹】zhū sī mǎ jì 蛛丝：蜘蛛吐的细丝。马迹：马蹄印。比喻不太明显但隐约可寻的痕迹和线索。清·王家贲《〈别雅〉序》：“大开通同转假之门，泛滥浩博，几疑天下无字不可通用，而实则蛛丝马迹，原原本本，具在古书。”
自私自利		【自私自利】zì sī zì lì 指私心很重，只为个人利益打算。
自由泛滥		【自由泛滥】zì yóu fàn làn 泛滥：河水涨溢出河岸造成灾害。比喻某种错误思想或反动言行自由发展，扩大影响。

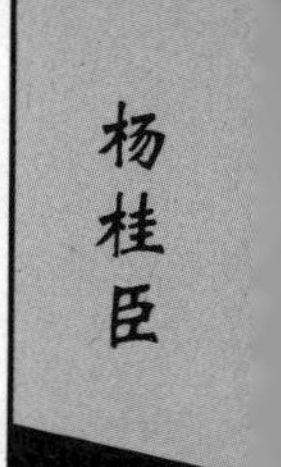

诛锄异己		【诛锄异己】zhū chú yì jǐ 诛：杀害；锄：铲除。指消灭和清除反对自己或与自己意见不合的人。
指日可待		【指日可待】zhǐ rì kě dài 指日：指定日期。待：等待。指目的、希望等不久就可以实现。宋·司马光《乞开言路状》："以为言路将开，下情得以上通，太平之期，指日可待也。"
直情径行		【直情径行】zhí qíng jìng xíng 直情：直接凭感情。径：径直。行：行动，做。指凭着自己的感情径直行事。《礼记·檀弓下》："礼有微情者，有以故兴物者，有直情而径行者。"
执迷不悟		【执迷不悟】zhí mí bù wù 执：坚持。迷：迷惑。坚持错误而不觉悟。《梁书·武帝纪上》："若执迷不悟，距逆王师，大众一临，刑兹罔赦。"

自吹自擂		【自吹自擂】zì chuī zì léi　吹：吹喇叭。擂：打鼓。比喻自我吹嘘。
罪魁祸首		【罪魁祸首】zuì kuí huò shǒu 魁、首：头目。指作恶的首要分子。《野叟曝言》一三六回："镇海寺僧源一与已立异，势促且孤，况源一有勇无谋，卒然一发，徒呈意气之私，其亡可待，将来罪魁祸首反在自己身上，老大着急。"
自以为非		【自以为非】zì yǐ wéi fēi 认识到自己也有不对的地方，经常想到自己的弱点、缺点和错误。
罪该万死		【罪该万死】zuì gāi wàn sǐ 《汉书·东方朔传》："粪土愚臣，忘生触死，逆盛意，犯隆指，罪当万死。"后多作"罪该万死"，指按其罪恶应该死多次。形容罪恶极大。《水浒传》九七回："宋江看孙安轩昂魁伟，一表非俗，下阶迎接。孙安纳头便拜道：'孙某抗拒大兵，罪该万死！'"

装模作样		【装模作样】zhuāng mú zuò yàng 指故意装出某种姿态给人看。装，也作“粧”。明·柯丹邱《荆钗记·参相》：“粧模作样，恼得我气满胸堂。”
造化小儿		【造化小儿】zào huà xiǎo ér 造化：旧指造物主，天神；小儿：小子，对人轻蔑之称。《新唐书·杜审言传》：“审言病甚，宋之问、武平一等省候何如，答曰：‘甚为造化小儿所苦，尚何言！’”后来就用“造化小儿”戏称命运。
转弯抹角		【转弯抹角】zhuǎn wān mò jiǎo 抹角：紧挨着角儿走。指沿着弯曲的道路走。弯，也作“湾”。元·秦简夫《东堂老》一折：“转湾抹角，可早来到李家门首。”后也用来比喻说话、办事不直截了当。
助我张目		【助我张目】zhù wǒ zhāng mù 别人赞助自己的主张或行动，使自己的气势更壮。三国·魏·曹植《与吴季重书》：“墨翟不好伎，何为过朝歌而回车乎？足下好伎，而正值墨翟回车之县，想足下助我张目也。”（伎，声乐。）

总角之交		【总角之交】zǒng jiǎo zhī jiāo 总角：古代儿童把头发梳成小髻，指童年时代。总角时结下的交情。指童年就很要好的朋友。
自我作故		【自我作故】zì wǒ zuò gù 作故：满意地沉醉于某种思想或境界中。指不客观地过于自我欣赏。
纵横捭阖		【纵横捭阖】zòng héng bǎi hé 纵：合纵，指战国时为抵抗秦国的进攻，其余六国联合起来的策略。横：连横。指秦国为分化其余六国，使它们服从秦国，与秦国联合的策略。捭阖：开合。后指运用手段进行分析、联合。清·曹寅《读洪昉思稗畦行卷感赠一首，兼寄赵谷官赞》诗："纵横捭阖人间世，只此能消万古情。"
纵虎归山		【纵虎归山】zòng hǔ guī shān 比喻放走敌人或对手，留下祸根。《三国志·蜀书·刘巴传》南朝宋·裴松之注引《零陵先贤传》："若使备讨张鲁，是纵虎于山林也。"也作"放虎归山"。

纸醉金迷		【纸醉金迷】zhǐ zuì jīn mí 宋《清异录·居室》载：唐末有个人叫孟斧，“有一小室，窗牖焕明，器皆金饰，纸光莹白，金彩夺目，所亲见之，归语人曰：‘此室暂憩，令人金迷纸醉’。”后用“纸醉金迷”形容使人着迷的富丽堂皇景象。也形容生活奢侈豪华。
装腔作势		【装腔作势】zhuāng qiāng zuò shì 腔：腔调。势：姿势。指拿腔拿调，做作。《野叟曝言》六六回：“然后一对一的，俱是搽脂抹粉、描眉画眼、装腔作势、扭捏袅娜而来。”
自高自大		【自高自大】zì gāo zì dà 自以为了不起。元·无名氏《点绛唇》曲：“有一等明师，自高自大，狂言诈语，道听途说，自把他元神昧。”
咫尺万里		【咫尺万里】zhǐ chǐ wàn lǐ 形容图画篇幅虽小，可是概括力极强，寓意很深。后也指诗文的含意深远。《南史·竟陵文宣王子良传》：“幼好学，有文才，能书善画，于扇上图山水，咫尺之内，便觉万里为遥。”

自食其果		【自食其果】zì shí qí guǒ 指自己做了坏事，自己受到损害或惩罚。
冢中枯骨		【冢中枯骨】zhǒng zhōng kū gǔ 冢：隆起的坟墓。坟墓中的枯骨。比喻人没有能力和作为。《三国志·蜀志·先主传》："孔融谓先主曰：'袁公路（袁术）岂忧国忘家者邪？冢中枯骨，何足介意！'"
众目睽睽		【众目睽睽】zhòng mù kuí kuí 睽睽：睁大眼睛注视着。唐·韩愈《郓州溪堂诗序》："公私扫地赤立，新旧不相保持，万目睽睽。"后多作"众目睽睽"，指在众人注视、监督之下。
左提右挈		【左提右挈】zuǒ tí yòu qiè 形容互相扶持。宋·苏轼《拟孙权答曹操书》："仆之有张昭，正如备（刘备）之有孔明，左提右挈，以就大事。"

止谈风月		【止谈风月】zhǐ tán fēng yuè 止：只，仅。只谈风、月等景物。旧时隐指莫谈国事。《南史·徐勉传》：“今夕止可谈风月，不宜及公事。”
指不胜屈		【指不胜屈】zhǐ bù shèng qū 指：手指。胜（旧读shēng）：胜任，能够。屈：弯曲。形容数量多，弯曲手指数都数不过来。《野叟曝言》五五回：“古来豪杰，剔须剔眉，以全身远害者，更指不胜屈。”
置之不顾		【置之不顾】zhì zhī bù gù 置：放置。顾：理睬。指放在一边不予理睬。《官场现形记》五一回：“后来等我养了下来，很写过几封信给老家，老人家一直置之不理。”
锱铢必较		【锱铢必较】zī zhū bì jiào 锱：一两的四分之一。铢：一两的二十四分之一。锱铢：泛指很小的数量。较：计较。指办事认真，一丝不苟。宋·陈文蔚《朱先生叙述》：“先生造理精微，见于处事，权衡轻重，锱铢必较。”也指很少的钱，很小的事情也要计较。形容小气、气量小。

字斟句酌		【字斟句酌】zì zhēn jù zhuó 斟、酌：指考虑、估计。一字一句地考虑、琢磨。《儿女英雄传》三八回：“安老爷说话，只管是这等字斟句酌，再不想一个跑堂儿的，他可晓得甚么叫作名胜！”
钟灵毓秀		【钟灵毓秀】zhōng líng yù xiù 钟：凝聚，集中；毓：产生，孕育。指美好的自然环境产生优秀的人物。
自作自受		【自作自受】zì zuò zì shòu 指自己做了错事，自己承担后果。《五灯会元·投子山大同禅师》：“总是汝自生见争，担带将来，自作自受。我这里无可与汝，也无表无里，说似诸人，有疑便问。”
左右开弓		【左右开弓】zuǒ yòu kāi gōng 双手都能射箭。《元曲选·白仁甫〈梧桐雨·楔子〉》：“臣左右开弓，一十八般武艺，无有不会。”后来用以比喻双手都能操作或几方面都在进行。

剑及屦及		【剑及屦及】jiàn jí jù jí 屦：鞋；及：赶上，追及。《左传·宣公十四年》记载，楚庄王派往齐国的使者申舟路过宋国时被宋人所杀，“楚子闻之，投袂而起，屦及于窒皇，剑及于寝门之外，车及于蒲胥之市。”（楚子，楚庄王。窒皇，寝门的甬道。）意思是楚庄王闻讯之后，急于出兵给申舟报仇，立即奔跑出去，以致给他拿鞋的人追到窒皇，给他拿剑的人追到寝门之外，驾车的人追到蒲胥之市才追上他。后来就用“剑及屦及”形容行动坚决迅速。也作“屦及剑及”。
江郎才尽		【江郎才尽】jiāng láng cái jìn 江郎：指江淹。南朝文学家，少有文名，晚年才思渐衰。南朝梁·钟嵘《诗品·齐光禄江淹》：“初，淹罢宣城郡，遂宿冶亭，梦一美丈夫，自称郭璞，谓淹曰：‘我有笔在卿处多年矣，可以见还，’淹探怀中，得五色笔以授之。尔后为诗，不复成语，故世传江郎才尽了。”后用“江郎才尽”比喻才思衰退。
见猎心喜		【见猎心喜】jiàn liè xīn xǐ 猎：打猎。比喻旧有的爱好难以忘却，由于一件事情触动了自己原有的爱好，便想试一试。清·郑志鸿《常语寻源》卷下引魏·曹丕《典论自序》：“和风扇物，弓燥手柔，草浅兽肥，见猎心喜。”
艰难竭蹶		【艰难竭蹶】jiān nán jié jué 竭蹶：力竭颠仆，形容竭尽全力。生活极其艰难困苦。

自相残杀		【自相残杀】zì xiāng cán shā 指自己内部互相残杀。《三国演义》一三回："臣有一计：先令二贼自相残害，然后诏曹操引兵杀之，扫清贼党，以安朝廷。"《说岳全传》三三回："刘豫父子投顺金帮，那金兀术甚不喜他。本帅已定计令他自相残害。"也作"自相残害"。
自愧不如		【自愧不如】zì kuì bù rú 惭愧自己不如别人。《战国策·齐策一》："明日徐公来，熟视之，自以为不如。"
专横跋扈		【专横跋扈】zhuān hèng bá hù 专横：专断蛮横。跋扈：霸道。《后汉书·梁冀传》："帝少而聪慧，知冀骄横，尝朝群臣，目冀曰：'此跋扈将军也。'"后用"专横跋扈"指任意妄为、不讲理。
醉生梦死		【醉生梦死】zuì shēng mèng sǐ 指糊里糊涂地生活，像在酒醉和睡梦之中。宋·程颐《明道先生行状》："虽高才明智，胶于见闻，醉生梦死，不自学也。"

借箸代筹		【借箸代筹】jiè zhù dài chóu 箸：筷子。筹：筹划。《史记·留侯世家》载：秦末楚汉相争，郦食其劝刘邦立六国后代，共同攻楚。邦方食，张良入见，邦以前计告之，良认为可，曰："臣请借前箸为大王筹之。"后用"借箸代筹"指代人出谋划策。
自鸣得意		【自鸣得意】zì míng dé yì 鸣：表示。自己以为了不起，表示称心如意。明·沈德符《万历野获编·昙花记》："一日遇屠于武林，命其家僮演此曲，挥策四顾，如辛幼安之歌'千古江山'，自鸣得意。"
嘉言懿行		【嘉言懿行】jiā yán yì xíng 嘉、懿：美，好。指有益的话和高尚的行为。又作"嘉言善行"。《朱子全书·学五》："见人嘉言善行，则敬慕而纪录之。"
老牛舐犊		【老牛舐犊】lǎo niú shì dú 舐：舔。犊：小牛。老牛爱小牛犊，常舔其身。比喻父母爱子的深情。《野叟曝言》四〇回："若谏而得祸，是意中事也。特以老牛舐犊之私，虑其蹈不测之罪，身缨斧钺，未免有情，能无慨然乎？"

自暴自弃		【自暴自弃】zì bào zì qì 暴：损害。弃：抛弃。《孟子·离娄上》："自暴者，不可与有言也；自弃者，不可与有为也。"后用"自暴自弃"指自己糟蹋自己，自己看不起自己，甘心于落后。宋·朱熹《朱子语类·朱子十五》："即此可见无志，甘于自暴自弃，过孰大焉！"
左图右史		【左图右史】zuǒ tú yòu shǐ 形容室内图书很多。《新唐书·杨绾传》："独处一室，左右图史。"
自相惊扰		【自相惊扰】zì xiāng jīng rǎo 自己人互相惊动，引起不安。
醉酒饱德		【醉酒饱德】zuì jiǔ bǎo dé 《诗经·大雅·既醉》："既醉以酒，既饱以德；君子万年，介尔景福。"旧时用为宾客酬谢主人款待优厚的话。唐·孙揆《灵应传》："幸以寓止郊园，绵历多祀，醉酒饱德，蒙惠诚深。"

锥处囊中		【锥处囊中】zhuī chǔ náng zhōng 处：放置。囊：口袋。《史记·平原君虞卿列传》："夫贤士之处世也，譬若锥之处囊中，其末立见。"比喻有才能的人很快会显露出来。清 李伯元《南亭笔记》卷四："此吾锥处囊中，脱颖而出之时也。"
原形毕露		【原形毕露】yuán xíng bì lù 毕：完全。指原本的面目完全暴露了。含贬义。
啧有烦言		【啧有烦言】zé yǒu fán yán 啧：争论。烦言：气愤、不满的话。指很多人都不满意。《左传·定公四年》："会同难，啧有烦言，莫之治也。"
指鹿为马		【指鹿为马】zhǐ lù wéi mǎ 《史记·秦始皇本纪》记载，秦二世时，丞相赵高想要篡位，但又恐怕其他大臣不服从，就先来测验一下。他给秦二世献了一只鹿，说："这是匹马。"二世笑着说："丞相弄错了吧？把鹿说成马了。"赵高就问其他大臣，大臣中有的不吭气，有的要巴结赵高就跟着说是马；也有说是鹿的，事后赵高就诬陷以其他罪名把他们杀害了。后来就用"指鹿为马"比喻有意颠倒黑白，混淆是非。

自贻伊戚		【自贻伊戚】zì yí yī qī 贻：遗留；伊：是，此；戚：忧愁，悲哀。比喻自己寻找烦恼，自己招致灾祸。《诗经·小雅·小明》：“心之忧矣，自诒伊戚。”（诒，同“贻”。）
自生自灭		【自生自灭】zì shēng zì miè 自己生长，自己趋于灭亡。形容自然发展，无人过问。唐·白居易《山中五绝句·岭上云》：“自生自灭成何事，能逐东风作雨无？”
筑室反耕		【筑室反耕】zhù shì fǎn gēng 表示作长久屯兵之计。《左传·宣公十五年》记载：春秋时，楚庄王伐宋，围宋九月而宋不降。申叔时仆，曰：“筑室反耕者，宋必听命。”
坐言起行		【坐言起行】zuò yán qǐ xíng 原意是言论必须切实可行，后来引申为言行必须一致。语本《荀子·性恶》“故坐而言之，起而可设，张而可施行”。

莫衷一是		【莫衷一是】mò zhōng yī shì 莫：不能。衷：折衷，判断。是：对。不能断定哪个对，哪个不对。也指意见纷纭，分歧很大，不能得出一致的结论。《痛史》三回："诸将或言固守待援，或言决一死战，或言到临安求救。议论纷纷，莫衷一是。"
刻舟求剑		【刻舟求剑】kè zhōu qiú jiàn 求：寻找。《吕氏春秋·察今》："楚人有涉江者，其剑自舟中坠于水。遽契其舟，曰：'是吾剑之所从坠。'舟止，从其所契者入水求之。舟已行矣，而剑不行。求剑若此，不亦惑乎！"后用"刻舟求剑"比喻拘泥、不变通，不懂得根据实际情况处理问题。宋·陆游《射梁右相启》："刻舟求剑"固匪通才。
兼容并包		【兼容并包】jiān róng bìng bāo 容：容纳。包：包含。指对各种不同的人、学术、思想等都能包容在内。常用来形容人办事的方针、宗旨或气度。《史记·司马相如列传》："必将崇论闳议，创业垂统，为万世观。故驰骛乎兼容并包，而勤思乎参天贰地。"
装疯卖傻		【装疯卖傻】zhuāng fēng mài shǎ 卖：卖弄。故意装出疯颠、呆傻的样子。

作奸犯科		【作奸犯科】zuò jiān fàn kē 作奸：做坏事。犯科：触犯法律条文。指为非作歹，违法乱纪。三国蜀·诸葛亮《前出师表》："若有作奸犯科及为忠善者，宜付有司，论其刑赏。"
罪不容诛		【罪不容诛】zuì bù róng zhū 诛：处死。《孟子·离娄上》："杀人盈城，此所谓率土地而食人肉，罪不容于死。"后用"罪不容诛"指杀人也抵不了其所犯罪行。形容罪大恶极。《汉书·王莽传上》："兴兵动众，欲危宗庙，恶不忍闻，罪不容诛。"
钻火得冰		【钻火得冰】zuān huǒ dé bīng 比喻一定不能出现的事情。唐·释道世《法苑珠林》："未见钻火得冰，种豆得麦。"
左右为难		【左右为难】zuǒ yòu wéi nán 指无论怎样都有难处。《野叟曝言》一一八回："始升进来复苦切劝谏，也说是天子左右为难。"

兼收并蓄		【兼收并蓄】jiān shōu bìng xù 并：一起。蓄：积聚，储存。对不同的人或事物都能同时收容、保留。宋·朱熹《己酉拟上封事》："小人进则君子必退，君子亲则小人必疏，未有可以兼收并蓄而不相害者也。"
自相矛盾		【自相矛盾】zì xiāng máo dùn 矛：长矛，一种用以刺杀的武器。盾：盾牌，一种用以抵挡刺杀、保护自己的武器。比喻自己说话做事互相抵触。
老蚌生珠		【老蚌生珠】lǎo bàng shēng zhū 原比喻年老有贤子，后指老年得子。汉·孔融〈与韦端书〉："前日元将来，渊才亮茂，雅度弘毅，伟世之器也。昨日仲将复来，懿性贞实，文敏笃诚，保家之主也。不意双珠，近出老蚌。"（元将、仲将，韦端两个儿子的字。）
娇生惯养		【娇生惯养】jiāo shēng guàn yǎng 娇：宠爱；惯：纵容，姑息。形容从小过分受父母的宠爱和姑息。

自相鱼肉		【自相鱼肉】zì xiāng yú ròu 鱼肉：像宰割鱼肉那样残害别人。指自己内部互相残杀。《资治通鉴·晋孝武帝太元十年》："君所见殊误，当今岂可自相鱼肉。"
铢两悉称		【铢两悉称】zhū liǎng xī chèn 铢：一两的二十四分之一。称：相当。形容优劣、轻重相当。明·周晖《金陵琐事·尚书异命》："梁同考坐吏书之左，去官三百余员，铢两悉称，士林服之，士林荣之，此皆破格之异命也。"
珠玉在侧		【珠玉在侧】zhū yù zài cè 珠玉：比喻仪表、才德出众的人。指在仪表、才德出众的人身旁，令人自叹不如。
壮士解腕		【壮士解腕】zhuàng shì jiě wàn 壮士：勇士，心雄胆壮的人；解：分解。《三国志·魏志·陈泰传》："古人有言，蝮蛇螫（zhē）手，壮士解腕。"意思是，蝮蛇有剧毒，手腕被蛇咬了之后，有胆量的人就立即截断被咬的地方，免得毒性蔓延到全身。比喻做事要当机立断，不要迟疑、姑息，因小失大。

累牍连篇		【累牍连篇】lěi dú lián piān 牍：古代写字用的木简。形容篇幅多，文词冗长。《隋书·李谔传》："连篇累牍，不出月露之形；积案盈简，唯是风云之状。"
街谈巷议		【街谈巷议】jiē tán xiàng yì 指人们在街头巷尾闲谈议论。汉·张衡《西京赋》："辩论之士，街谈巷议，弹射臧否，剖析毫厘，擘肌分理。"
桀犬吠尧		【桀犬吠尧】jié quǎn fèi yáo 桀：夏朝最末的一个君主，相传是个暴君；吠：狗叫；尧：传说中古代圣君，后泛指最好的人。坏人的狗咬好人。比喻走狗一心为主子效劳。《文选·邹阳〈狱中上吴王书〉》："桀之犬可使吠尧。"
见缝插针		【见缝插针】jiàn fèng chā zhēn 比喻善于利用一切可能利用的时间或空间，善于利用一切机会和可能性。

坐不垂堂		【坐不垂堂】zuò bù chuí táng 垂堂：近屋檐处。指富人不敢近屋檐而坐，怕瓦堕伤身。比喻不在有危险的地方停留。《汉书·司马相如传下》："故鄙谚曰：'家累千金，坐不垂堂。'"
自作解人		【自作解人】zì zuò jiě rén 解人：理解事理或言语、文词旨趣的人。指不明真意而乱发议论的人。南朝·宋·刘义庆《世说新语·文学》："非但能言人不可得，正索解人亦不得。"
叫苦连天		【叫苦连天】jiào kǔ lián tiān 形容十分烦恼，不住地叫苦。《醒世恒言》卷三〇："只见两个没头尸首，横在血泊里，五脏六腑，都抠在半边，首级不知去向，桌上器皿，一毫无失。一家叫苦连天，报告主簿县尉，俱吃一惊，齐来验过。"
加人一等		【加人一等】jiā rén yī děng 加：高出，超过。高出别人一等。《礼记·檀弓上》："夫子曰：'献子加于人一等矣。'"后用"加人一等"形容才智杰出，超过别人。

钟鸣漏尽		【钟鸣漏尽】zhōng míng lòu jìn 漏：古代的计时器。暮钟已鸣，漏已尽。指到了夜晚。
节外生枝		【节外生枝】jié wài shēng zhī 枝节又生枝杈。比喻问题之外又生出新问题。宋·克勤说《圆悟佛果禅师语录》一："若据本分草料，犹是节外生枝。"
桀骜不驯		【桀骜不驯】jié ào bú xùn 桀骜：性情暴烈，倔强；驯：驯服。性情暴烈，不服管教。《汉书·匈奴传赞》："其桀骜尚如斯，安肯以爱子而为质乎？"
焦头烂额		【焦头烂额】jiāo tóu làn é 烧焦了头，灼伤了额。比喻非常狼狈窘迫。有时也形容忙得不知如何是好，带有夸张的意思。

春蚓秋蛇		【春蚓秋蛇】chūn yǐn qiū shé 《晋书·王羲之传论》："子云近出，擅名江表，然仅得成书，无丈夫之气，行行若萦春蚓，字字如绾秋蛇。"像春天的蚯蚓、秋天的蛇一样弯曲不顺畅。后用"春蚓秋蛇"比喻书法拙劣不工。宋·苏轼《和孔密州五绝·和流杯石上草书小诗》："蜂腰鹤膝嘲希逸，春蚓秋蛇病子云。"也形容草书书法神奇多变。
一劳永逸		【一劳永逸】yī láo yǒng yì 劳：辛苦、辛劳。逸：安逸。辛苦一次，把事情办好，便得到长久的安闲。
恶衣恶食		【恶衣恶食】è yī è shí 粗劣的衣食。《论语·里仁》："士志于道而耻恶衣恶食者，未足与议也。"
老态龙钟		【老态龙钟】lǎo tài lóng zhōng 龙钟：身体衰老而不灵便的样子。形容年老体衰、行动不便。宋·陆游《听雨》诗："老态龙钟疾未平，更堪俗事败幽情。"也作"老迈龙钟"。《镜花缘》九九回："当日来时是何等样精力强壮，那知如今老迈龙钟，如同一场春梦。"

坐观成败		【坐观成败】zuò guān chéng bài 指冷眼旁观别人的成功、失败而不相助。《史记·田叔列传》："是老吏也，见兵事起，欲坐观成败，见胜者欲合从之，有两心。"
走投无路		【走投无路】zǒu tóu wú lù 投：投奔。无路可走。比喻处境非常困难。
困兽犹斗		【困兽犹斗】kùn shòu yóu dòu 困兽：被围困的野兽。犹：还，尚且。被围困的野兽，还要挣扎、搏斗。比喻身处绝境仍要拼命抵抗。《左传·宣公十二年》："困兽犹斗，况国相乎？"
质疑问难		【质疑问难】zhì yí wèn nàn 质：询问；问难：对搞不清的问题进行反复讨论、分析或辩论。提出疑难问题，请人解答或相互讨论、辩论。《东观汉记·贾宗传》："每宴客，令与当世大儒司徒丁鸿问难经传。"

渐入佳境		【渐入佳境】jiàn rù jiā jìng 《晋书·成恺之传》：“恺之每食甘蔗，恒自尾至本，人或怪，云渐入佳境。”后用“渐入佳境”比喻兴味渐浓或情况渐好。《醒世恒言》卷二八：“贺小姐初时，还是个处子，尚是逡巡畏缩。况兼吴衙内心慌胆怯，不敢恣肆，彼此都十分美满。两三日后，渐入佳境，恣意取乐，忘其所以。”
矫揉造作		【矫揉造作】jiǎo róu zào zuò 矫：使曲变直。揉：使直变曲。造作：谓制作器物，须反复矫揉而成。比喻故意做作，不自然。《孟子·离娄下》宋·朱熹集注：“所谓故者，又必其自然之势，如人之善，水之下，非有所矫揉造作而然者也。”
计日程功		【计日程功】jì rì chéng gōng 计：计算。程：估量。功：成效，功效。工作进度或功效可以按日计算。形容进度快。指日可成功。梁启超《中国法理学发达史论·法治主义之发生》：“法治国虽进不必骤，而得寸进尺，计日程功。”
张冠李戴		【张冠李戴】zhāng guān lǐ dài 冠：帽子。比喻弄错了事实或对象。宋·钱希言《戏瑕》卷三：“张公帽儿李公戴。”

家徒四壁		【家徒四壁】jiā tú sì bì 徒：仅，只。《史记·司马相如列传》："文君夜奔相如，相如乃与驰归成都，家居徒四壁立。"意为相如家里空空，只剩下四周矗立的墙壁。后用"家徒四壁"形容家里穷得一无所有。《梁书·陶季直传》："及死，家徒四壁，子孙无以殡敛，闻者莫不伤其志焉。"
解衣推食		【解衣推食】jiě yī tuī shí 把穿着的衣服脱下给别人穿，把正在吃的食物让别人吃。《史记·淮阴侯列传》："汉王授我上将军印，予我数万众，解衣衣我，推食食我，言听计从，故吾得以至于此。"后用"解衣推食"指赠人衣食，慷慨地给人以关心和帮助。
老牛破车		【老牛破车】lǎo niú pò chē 老牛拉着破车，行走缓慢。形容办事慢慢腾腾，效率低下。
瞻前顾后		【瞻前顾后】zhān qián gù hòu 瞻：向前看。顾：向后看。形容做事谨慎。战国楚·屈原《离骚》："瞻前而顾后兮，相视民之计极。"也形容顾虑太多，处理事情犹豫不决。宋·朱熹《朱子语类·学二》："且如项羽救赵，既渡，沉船破釜，持三日粮，示士必死无还心，故能破秦。若瞻前顾后，便故不成。"

江心补漏		【江心补漏】jiāng xīn bǔ lòu 船到江心才补漏洞。比喻为时已晚，于事无济。明·无名氏《七十二朝人物演义·叶公》：“今为吾主计之，必先预为准备，莫待临歧勒马，江心补漏，是臣之愿也。”
矫枉过正		【矫枉过正】jiǎo wǎng guò zhèng 矫枉：矫正弯曲。指纠正偏失错误，超过了应有的限度。汉·仲长统《昌言·法诫篇》：“夫乱世长而化世短……逮至清世，则复入于矫枉过正之检。”
就实论虚		【就实论虚】jiù shí lùn xū 就：随，因；实：指具体的事情或工作；虚：指政治、思想、方向、路线、政策和世界观等。就具体事情或工作来看政治方向、路线和人的立场、世界观。
畸轻畸重		【畸轻畸重】jī qīng jī zhòng 畸：不完整，偏于。有时偏轻，有时偏重。形容事物发展不均衡，或人对事物的态度有所偏。

揭竿而起		【揭竿而起】jiē gān ér qǐ 揭：高举。竿：竹竿。高举旗帜，奋起反抗。汉·贾谊《过秦论》：“率罢弊之卒，将数百之众，转而攻秦，斩木为兵，揭竿为旗。”原形容秦末陈胜、吴广率民起义的情景。后用“揭竿而起”指造反起义，武装暴动。
交头接耳		【交头接耳】jiāo tóu jiē ěr 交头：头挨着头。头挨着头凑近耳边低声说话。《水浒传》一四回：“他那三四个交头接耳说话，正不听得说甚么。”
接二连三		【接二连三】jiē èr lián sān 一个接着一个。形容接连不断。《镜花缘》二三回：“走过闹市，只听那些居民人家，接二连三莫不书声朗朗。”
短兵相接		【短兵相接】duǎn bīng xiāng jiē 短兵：指刀剑等短兵器。比喻面对面交锋。战国楚·屈原《九歌·国殇》：“操吴戈兮被犀甲，车错毂兮短兵接。”

借古讽今		【借古讽今】jiè gǔ fěng jīn 假借古代的事情，影射今天的现实。
坚壁清野		【坚壁清野】jiān bì qīng yiě 坚壁：加固壁垒。清野：清除四野，转移人口、物资。这是对付优势敌人入侵的一种作战方法，使他们既攻不下营垒，又抢不到东西。《南史·宋本幻一》："超大将公孙五楼请断大岘，坚壁清野以待，超不从。"
疾言厉色		【疾言厉色】jí yán lì sè 言词激烈，神色严厉。形容人发怒的情形。《官场现形记》五四回："说话时，那梅大老爷的脸色已经平和了许多，就是问话的声音也不像先前之疾言厉色了。"
张口结舌		【张口结舌】zhāng kǒu jié shé 结舌：舌头被钳制，动不了。张着嘴说不出话。形容因理屈、害怕、生气、惊讶而发愣。《三侠五义》一一回："一席话，说的白安张口结舌，面目变色。"

左道旁门		【左道旁门】zuǒ dào páng mén 旁、左：邪，不正。指不正派的学术派别和宗教派别。泛指不正派的方法、途径等。也作“旁门左道”。《封神演义》七三回：“他骂吾教是左道旁门，不分披毛带解之人，湿生卵化之辈，绵可同群共处。”
钻冰求酥		【钻冰求酥】zuān bīng qiú sū 酥：酥油，牛羊奶制成的食品。比喻一定不能得到。《本缘经》：“譬如钻冰求酥，理实难得。”
冷嘲热讽		【冷嘲热讽】lěng cháo rè fěng 尖刻的嘲笑和讽刺。老舍《四世同堂》九十六回：“他能用隐语和冷嘲热讽，引起听众的共鸣。”
怨天尤人		【怨天尤人】yuàn tiān yóu rén 怨：怨恨。天：指命运。尤：责怪。《论语·宪问》：“不怨天，不尤人，下学而上达，知我者其天乎！”后用“怨天尤人”指遇到挫折、麻烦时一味抱怨命运和别人，而不寻找自身的原因。晋·张华《博物志·药论》：“违其药，失其应，则怨天尤人，设鬼神矣。”

错综复杂		【错综复杂】cuò zōng fù zá 错综：纵横交错。形容头绪很多，情况复杂。
鸡犬不惊		【鸡犬不惊】jī quǎn bù jīng 连鸡狗都不受惊吓。形容军队纪律严明，秋毫无犯，不骚扰百姓。《说岳全传》四八回：“一路地方官员馈送礼物，岳爷丝毫不受，鸡犬不惊。”
家常便饭		【家常便饭】jiā cháng biàn fàn 宋·罗大经《鹤林玉露》卷一：“范文正公云：‘常调官好做，家常饭好吃。’”后多用“家常便饭”指家中日常饭食。《官场现形记》一七回：“彼此知己，只要家常便饭，本来无须客气。”也比喻常见的或平常的事情。
知足不辱		【知足不辱】zhī zú bù rǔ 指知道满足，就不会因为过分追求而受辱。《老子·四十四章》：“知足不辱，知止不殆，可以长久。”

狡兔三窟		【狡兔三窟】jiǎo tù sān kū 窟：洞穴。狡猾的兔子有好几个窝。比喻预先做好藏身的地方或避祸准备。《战国策·齐策四》："狡兔有三窟，仅得免其死耳。"
坐吃山空		【坐吃山空】zuò chī shān kōng 指光是消耗而不生产，即使有堆积如山的财物，也会用尽。《京本通俗小说·错斩崔宁》："姐夫，你须不是这等算计。'坐吃山空，立吃地陷'……你须计较一个常便。"
走马看花		【走马看花】zǒu mǎ kàn huā 走马：骑马快跑。唐·孟郊《登科后》诗："春风得意马蹄疾，一日看尽长安花。"后用"走马看花"比喻观察事物或了解情况不深入细致。《野叟曝言》四十七回："走马看花未能领略，望勿介意。"
至当不易		【至当不易】zhì dàng bù yì 至：极；当：恰当，合适；易：改变，变换。形容极为恰当，不能改变。明·李贽《焚书·读史·孔明为后主写申韩管子六韬》："故汲长孺谓其内多欲而外施仁义，而论六家要指者，又以'博而寡要，劳而少功'八字概之，可谓至当不易之定论。"

人寿年丰		【人寿年丰】rén shòu nián fēng 人长寿，年成也好。形容生活很美好。
人亡政息		【人亡政息】rén wáng zhèng xī 亡：失去，死亡，息：废，灭。旧指一个掌握政权的人死了，他的政治措施也跟着停顿下来。《礼记·中庸》："其人存，则其政举；其人亡，则其政息。"
人命危浅		【人命危浅】rén mìng wēi qiǎn 危：危急。浅：时间短。指寿命已不长久，即将死亡或覆灭。晋·李密《陈情表》："但以刘日薄西山。气息奄奄，人命危浅，朝不虑夕。"
人声鼎沸		【人声鼎沸】rén shēng dǐng fèi 鼎：古代炊具，三足两耳，多为青铜制成。沸：沸腾。形容人声喧闹嘈杂，如同鼎中的水煮沸了一样。《醒世恒言》卷二九："卢楠娘子正同着丫头们，在房中围炉向火，忽闻得外面人声鼎沸，只道是漏了火，急叫丫鬟们观看。"

一哄而散		【一哄而散】yī hòng ér sàn 哄：吵闹。指人在吵闹声中一下散开。《二刻拍案惊奇》卷三二：“众人见说，大惊失色，一哄而散。
一定不易		【一定不易】yī dìng bù yì 易：改变。《淮南子·主术训》：“今夫权衡规矩，一定而不易，不为秦楚变节，不为胡越改容。”原指一确定下来就不再更改。后指确定的、不能改变的。明·陶宗义《辍耕录·古铜器》：“商器质素无文，周器雕篆细密，此固一定不易之论。”也作“一定不移”。
一木难支		【一木难支】yī mù nán zhī 一根木头难以支撑将倾的大厦。比喻一个人的力量难以胜任艰巨的工作。《野叟曝言》一三回：“刘兄臂膊受伤，我独木难支，便有可虑，这又是因祸得福了。”
一佛出世		【一佛出世】yī fó chū shì 《隋书·经籍志·佛经》：“每一小劫，则一佛出世。”（小劫，按佛家说法约合一千七百万年。）后来就用“一佛出世”比喻非常难得的事情。宋·叶廷珪《海录碎事》卷十一引《谈苑》：“（唐）文宗尝谓近臣曰：‘词臣之选，古今尤重，朕闻朝廷除一舍人，六亲皆贺，谚以为一佛出世，岂容易哉！’”

胸无点墨		【胸无点墨】xiōng wú diǎn mò 肚子里没有一点儿墨水。《续传灯录·天童净全禅师》：“师自赞曰：‘匙挑不上个村夫，文墨胸中一点无。曾把虚空揣出骨，恶声赢得满江湖。’”后用“胸无点墨”形容人没有文化。
洋洋洒洒		【洋洋洒洒】yáng yáng sǎ sǎ 洋洋：众多。洒洒：连续不断。《韩非子·难言》：“所以难言者，言顺比滑泽，洋洋缅缅然，则见以为华而不实。”缅缅：有次序的样子。后以“洋洋洒洒”形容文章、讲话内容丰富，连续不断。
形形色色		【形形色色】xíng xíng sè sè 形容事物种类繁多，各式各样。元·戴表元《讲义》：“如造化之于万物，大而大容之，小而小养之，形形色色，无所遗弃。”
养痈遗患		【养痈遗患】yǎng yōng yí huàn 患了毒疮而不治疗，会造成祸患。比喻姑息坏人，会受到祸害。《野叟曝言》一二〇回：“议抚者不特养痈遗患，彼亦必不受；议剿者议发京军三万，云贵川广兵十二万，胜负未可知。”也作“养痈贻患”。

芝焚蕙叹		【芝焚蕙叹】zhī fén huì tàn 芝、蕙：香草；焚：烧。芝遭焚烧，蕙表伤叹。比喻物伤其类。北周·庾信《庾子山集·思旧铭序》："瓶罄罍耻，芝焚蕙叹。"
折足覆竦		【折足覆竦】zhé zú fù sù 竦：鼎里的食物。《周易·系辞下》："《易》曰：'鼎折足，覆公竦，其形渥，凶。'言不胜其任也。"意思是鼎足断了，鼎里的食物翻掉。后因以"折足覆竦"比喻力不胜任，必致败事。《后汉书·谢弼传》："今之四公，唯司空刘宠断断守善，余皆素餐致寇之人，必有折足覆竦之凶。"
招兵买马		【招兵买马】zhāo bīng mǎi mǎ 指组织、扩充武装力量。也比喻组织、扩充人力。宋·朱熹《丞相李公奏议后序》："招兵买马，经理财赋。"
置之度外		【置之度外】zhì zhī dù wài 置：放置。度：考虑。放在考虑之外。指毫不放在心上。《警世通言》卷三："初时心中不服，连这取水一节，置之度外。"

夜雨对床		【夜雨对床】yè yǔ duì chuáng 在风雨或风雪之夜，两人当床相对谈心。指朋友或兄弟相聚，倾心夜谈。多用于久别重逢或临别之前。宋·苏轼《东府雨中别子由》诗：“对床定悠悠，夜雨空萧瑟。”
摇尾乞怜		【摇尾乞怜】yáo wěi qǐ lián 乞：求。原指狗摇着尾巴以博取主人的欢心。后比喻人用谄媚态度向别人讨好，求取欢心。唐·韩愈《应科目时与人书》：“若俯首帖耳，摇尾而乞怜者，非我之志也！”
小惩大诫		【小惩大诫】xiǎo chéng dà jiè 惩：处罚，惩处。诫：警告，告诫。《周易·系辞下》：“小人不耻不仁，不畏不义，不见利不劝，不威不惩；小惩而大诫，此小人之福也。”后用“小惩大诫”指对小的过错给予惩罚，以警诫不犯大的过错。唐·杜牧《张直方授左骁卫将军制》：“念其生自戎旅，素不镌琢，既触法网，亦可矜容……小惩大诫，尔宜知思。”
一败涂地		【一败涂地】yī bài tú dì 涂地：肝脑涂地。形容彻底失败，不可收拾。《史记·高祖本纪》：“今置将不善，一败涂地。”

杂乱无章		【杂乱无章】zá luàn wú zhāng 章：条理。形容很乱，没有条理。唐·韩愈《送孟东野序》：“其为言也，乱杂而无章。”
招权纳贿		【招权纳贿】zhāo quán nà huì 招：招揽。纳：接受。指把持着权力，收受贿赂。《喻世明言》卷四〇：“他父子济恶，招权纳贿，卖官鬻爵。”也作“招权纳赂”。《元史·朴不花传》：“不花骄恣无上，招权纳赂。”
原封不动		【原封不动】yuán fēng bù dòng 原：原来。封：封口。原来的封口没有动过。比喻照原样一点也没有改变。《醒世恒言》卷三〇：“再说房德的老婆，见丈夫回来，大事已就，礼物原封不动，喜得满脸都是笑靥。”
照猫画虎		【照猫画虎】zhào māo huà hǔ 比喻照着样子模仿。

心灰意懒		【心灰意懒】xīn huī yì lǎn 灰：消沉，失望。懒：懒散。灰心失望，意志消沉。《封神榜》一七回：“只故你这一弃职回家，岂不叫众文臣心灰意懒，谁肯尽忠报国？”也作“心灰意冷”。清·吴樾《与妻书》：“吾知其将死之际，未有不心灰意冷。”
洋洋大观		【洋洋大观】yáng yáng dà guān 洋洋：盛大、众多的样子；大观：丰富多彩的景象。形容事物丰富多彩。《水浒后传》三九回：“登眺海山，洋洋大观，一望千里。”
霄壤之别		【霄壤之别】xiāo rǎng zhī bié 霄：天空。壤：土地。宋·胡仔《苕溪渔隐丛话后集·醉吟先生》：“善恶智愚，相背绝远，何啻霄壤之殊。”后用“霄壤之别”形容相差极远，像天与地之间的差别一样。
萧规曹随		【萧规曹随】xiāo guī cáo suí 西汉初年，萧何、曹参先后为丞相，萧何制定的一套法规政令，曹参完全继承下来，遵照执行。后用“萧规曹随”比喻后人完全按前人的成规办事。

源头活水		【源头活水】yuán tóu huó shuǐ 比喻生活气息浓厚。也指事物发展的动力和源泉。语出宋·朱熹《观书有感》诗。
志大才疏		【志大才疏】zhì dà cái shū 疏：粗疏，薄弱。指志向远大却缺少才干。宋·苏轼《扬州谢表》："志大才疏，信天命而自遂；人微地重，恃圣眷以少安。"
与虎谋皮		【与虎谋皮】yǔ hǔ móu pí 和老虎商量要它的皮。《太平御览》卷二〇八引《符子》："欲为千金之裘而与狐谋其皮，欲具少牢之珍而与羊谋其羞。言未卒，狐相率逃于重丘之下，羊相呼藏于深林之中。"后多作"与虎谋皮"，比喻商讨的事情与对方（一般指坏人）利益产生冲突，不可能办到。
朝令暮改		【朝令暮改】zhāo lìng mù gǎi 早晨下的命令，晚上又改变了。形容政令时常更改，使人无所适从。《汉书·食货志上》："急政暴虐，赋敛不时，朝令而暮改。"

心惊胆战		【心惊胆战】xīn jīng dǎn zhàn 战：发抖。形容非常害怕。《敦煌变文集·维摩诘经讲经文》：“闻说便胆战心惊，岂得交吾曹为使。”也作“胆颤心惊”。
咬牙切齿		【咬牙切齿】yǎo yá qiè chǐ 切齿：咬紧牙齿。形容极为仇恨。《水浒传》二五回》：“那妇人揭起被来，见了武大咬牙切齿，七窍流血，怕将起来，只得跳下床来敲那壁子。”
心去难留		【心去难留】xīn qù nán liú 去：离去。心已不在这里，就很难强留。南朝·梁·王僧孺《为姬人自伤》诗：“断弦犹可续，心去最难留。”
心怀叵测		【心怀叵测】xīn huái pǒ cè 叵测：不可推测，不可度量。内心险恶，不可推测。《三国演义》五七回：“马腾兄子马岱谏曰：‘曹操心怀叵测，叔父若往，恐遭其害。’”

源源不绝		【源源不绝】yuán yuán bù jué 源源：水流不断的样子；绝：断。形容连续不断。
灾梨祸枣		【灾梨祸枣】zāi lí huò zǎo 梨、枣：梨木和枣木。使梨木和枣木遭受灾祸。旧时印书多用梨木或枣木雕版，所以用“灾梨祸枣”形容滥刻无用的书。
朝乾夕惕		【朝乾夕惕】zhāo qián xī tì 乾：勉力，自强不息；惕：谨慎。《周易·乾》：“君子终日乾乾，夕惕若厉。”后用“朝乾夕惕”指终日勤奋谨慎，没有一点疏忽懈怠。《红楼梦》一七回：“惟朝乾夕惕，忠于厥职外，愿我君万寿千秋。”
忧心如焚		【忧心如焚】yōu xīn rú fén 焚：火烧。心里愁得如火烧一样。形容十分焦虑忧愁。三国魏·曹植《释愁文》：“形容枯悴，忧心如焚。”

象牙之塔		【象牙之塔】xiàng yá zhī tǎ 原是19世纪法国文艺批评家圣配韦批评同时代诗人维尼的话。后来泛指“为艺术而艺术”的文艺家脱离社会现实的个人主观幻想的艺术天地。也比喻脱离现实生活的知识分子的小天地。
心烦意乱		【心烦意乱】xīn fán yì luàn 心情烦躁，思绪杂乱。战国楚·屈原《卜居》：“屈原既放三年，不得复见。竭智尽忠，蔽鄣于谗；心烦意乱，不知所从。”
药石之言		【药石之言】yào shí zhī yán 药石：治病的药物和砭石，泛指药物。指批评和规劝人改正错误或缺点的话。
养生送死		【养生送死】yǎng shēng sòng sǐ 指子女对父母的奉养和殡葬。语出《孟子·离娄下》。也指维持一家生计。

指腹为婚		【指腹为婚】zhǐ fù wéi hūn 旧俗，孩子还未出世，即由双方家长约定婚姻关系。《魏书·王宝兴传》：“尚书卢遐妻，崔浩女也。初，宝兴母与遐妻俱孕，浩谓曰：‘汝等将来所生，皆我之自出，可指腹为亲。’”后多作“指腹为婚”。
支吾其词		【支吾其词】zhī wú qí cí 支吾：说话含混搪塞。指用含混的话应付，试图掩饰实情。《官场现形记》三二回：“余荩臣见王小五子揭出他的短处，只得支吾其词道：‘他的差使本来要委的了。’”
指天誓日		【指天誓日】zhǐ tiān shì rì 指着天，对着太阳发誓。唐·韩愈《柳子厚墓志铭》：“指天日涕泣，誓生死不相背负，真若可信。”后用“指天誓日”表示赌咒发誓。宋·罗大经《鹤林玉露》卷二：“友人指天誓日，曰：‘某以暴疾几死，不能就试，何敢漏泄于他人！’”
战战兢兢		【战战兢兢】zhàn zhàn jīng jīng 战战：恐惧发抖的样子。兢兢：小心谨慎的样子。形容小心谨慎的样子。

小家碧玉		【小家碧玉】xiǎo jiā bì yù 碧玉：女子名。《乐府诗集·碧玉歌》之二：“碧玉小家女，不敢攀贵德。感郎千金意，惭无倾城色。”后用“小家碧玉”指小户人家年轻美貌的女子。明·范文若《鸳鸯棒》二出：“小家碧玉镜慵施，赵娣停灯臂支粟。”
先礼后兵		【先礼后兵】xiān lǐ hòu bīng 礼：礼貌。兵：兵器，引申为动用武力。先按礼貌的方式同对方交涉，行不通，则用武力或其他强硬手段解决。《三国演义》一一回：“刘备远来救援，先礼后兵，主公当用好言答之，以慢备心；然后进兵攻城，城可破也。”
雾鬓风鬟		【雾鬓风鬟】wù bìn fēng huán 鬓：双鬓；鬟：环形发髻。形容妇女头发的好看。宋·范成大《新作景亭程咏之提刑赋诗次其韵》：“花边雾鬓风鬟满，酒畔云衣月扇香。”也用以形容妇女头发散乱蓬松。也作“风鬟雾鬓”。宋·李清照《永遇乐》词：：如今憔悴，风鬟雾鬓，怕见夜里出去。”
心狠手辣		【心狠手辣】xīn hěn shǒu là 心肠凶狠，手段毒辣。《轰天雷》一一回：“唐敬宗之于刘克明，未尝欲诛之也，而克明卒弑之于饮酒烛灭时矣。刑余之人，心狠手辣，自古然也。”

彰明较著		【彰明较著】zhāng míng jiào zhù 彰、较：明显。指非常明显，容易看清。《史记·伯夷列传》：“是遵何德哉？此其尤大彰明较著者也。”也作“彰明昭著”。《二十年目睹之怪现状》六〇回：“这个名目，叫做‘卖疯’，却是背着人在外面暗做的，没有彰明昭著在自己家里做的。”
辗转反侧		【辗转反侧】zhǎn zhuǎn fǎn cè 辗转：翻来覆去。反侧：反覆。形容有心事，躺在床上不能入睡。《歧路灯》七三回：“辗转反侧，真正是明知莺燕均堪爱，争乃熊鱼不可兼。”也作“转辗反侧”。明·陆采《怀香记·相思露意》：“日则憔悴昏沈，夜则转辗反侧。”
纸上谈兵		【纸上谈兵】zhǐ shàng tán bīng 兵：用兵之道。《史记·廉颇蔺相如列传》载：战国时，赵国的名将赵奢之子赵括，从小学习兵法，熟知兵书，却没有实际经验。秦赵长平之战，赵括率领的军队全部被歼。后用“纸上谈兵”比喻空谈理论，不能解决实际问题。
正中下怀		【正中下怀】zhèng zhòng xià huái 正：恰好。中：符合。下怀：谦称自己的心意。指正符合自己的心意。《水浒传》六三回：“蔡福听了，心中暗喜，如此发放，正中下怀。”

心向往之		【心向往之】xīn xiàng wǎng zhī 对某个人或事物心里很向往。《史记·孔子世家》："《诗》有之：'高山仰止，景行行止。'虽不能至，心乡往之。余读孔氏书，想见其为人。"乡：同"向"。
陷身囹圄		【陷身囹圄】xiàn shēn líng yǔ 囹圄：监狱。指被关进监狱。
小心翼翼		【小心翼翼】xiǎo xīn yì yì 翼翼：恭敬慎重的样子。《诗经·大雅·大明》："维此文王，小心翼翼。昭事上帝，聿怀多福。"原指恭敬谨慎。后形容十分谨慎，一点也不敢疏忽。
纤尘不染		【纤尘不染】xiān chén bù rǎn 纤：细小。指一点灰尘也染不上。清·洪□《长生殿·闻乐》："清光独把良宵占，经万古纤尘不染。"

直道而行		【直道而行】zhí dào ér xíng 直道：没有偏私。毫无偏私地办事。语出《论语·卫灵公》。
源远流长		【源远流长】yuán yuǎn liú cháng 源头远，水流长。也比喻历史悠久。唐·白居易《海州刺史裴君夫人李氏墓志铭》："夫源远者流长，根深者枝茂。"
招摇撞骗		【招摇撞骗】zhāo yáo zhuàng piàn 招摇：张扬，炫耀。撞骗：寻找机会进行欺骗。假借名义到处进行欺骗活动。
雨过天晴		【雨过天晴】yǔ guò tiān qíng 阵雨过去，天又放晴。也比喻情况由坏变好。

心慌意乱		【心慌意乱】xīn huāng yì luàn 内心惊慌不安，思想纷乱无主。《初刻拍案惊奇》卷六："元来卜良被咬乱舌头，情知中计，心慌意乱，一时狂走。"
先入为主		【先入为主】xiān rù wéi zhǔ 《汉书·息夫躬传》："唯陛下观览古戒，反复参考，无以先入之语为主。"后用"先入为主"指先听进去的话或先获得的印象往往成为自己的主见，以后遇到不同的意见就不容易接受。宋·刘克庄《再跋陈禹锡〈杜诗补注〉》："学者多以先入为主，童蒙时一字一句在胸臆，有终其身尊信之太过胶执而不变者。"
相惊伯有		【相惊伯有】xiāng jīng bó yǒu 伯有：春秋时郑国大夫良霄的字。《左传·襄公三十年》和《左传·昭公七年》记载，公元前534年，伯有受到驷带等人的攻伐，死于羊肆。到公元前535年，郑国人传说，伯有死后成为厉鬼，要来报仇，于是相互传着：伯有来了。人们听了吓得纷纷逃跑。后来就用"相惊伯有"比喻无故自相惊扰。
心猿意马		【心猿意马】xīn yuán yì mǎ 形容心神不定，心思不专一，像猿跳马奔一样难以控制。《敦煌变文集·维摩诘经讲经文》："卓定深沉莫测量，心猿意马罢颠狂。"也指放荡而难以控制的心思。《水浒传》四五回："那众僧都在法坛上看见了这妇人，自不觉都手之舞之，足之蹈之，一时间愚迷了佛性禅心，拴不定心猿意马。"也作"意马心猿"。

再衰三竭		【再衰三竭】zài shuāi sān jié 衰：衰退。竭：尽。《左传·庄公十年》："夫战，勇气也。一鼓作气，再而衰，三而竭。"指力量一再消耗，已经用尽了。后多用"再衰三竭"指士气越来越低落。宋·刘克庄《江东宪谢郑小保启》："群嘲众骂之身，不无惩创；再衰三竭之气，未易激昂。"
欲壑难填		【欲壑难填】yù hè nán tián 欲：欲望。壑：深谷。《国语·晋语八》："叔鱼生，其母视之，曰：'是虎目而豕喙，鸢肩而牛腹，溪壑可盈，是不可餍也，必以贿死。'"后以"欲壑难填"形容太贪心，很难满足欲望。
源源而来		【源源而来】yuán yuán ér lái 继续不断地到来。语出《孟子·万章上》。
中庸之道		【中庸之道】zhōng yōng zhī dào 中庸：儒家指待人接物不过分也无不及。道：道理，指处世哲学。《论语·雍也》："中庸之为德也，其至矣乎！"后用"中庸之道"指不偏不倚的处世态度。宋·苏舜钦《启事上奉宁军陈侍郎》："舜钦性不及中庸之道，居常慕烈士之行，幼趋先训，苦心为文，十年余矣。"

秀而不实		【秀而不实】xiù ér bù shí 秀：禾类植物开花。实：果实。《论语·子罕》："苗而不秀者有矣夫！秀而不实者有矣夫！"意为庄稼开花而不结果实。后用来比喻才能出众，但终无成就。《梁书·徐勉传》："夫植树阶庭，钦柯叶之茂；为山累仞，惜覆篑之功。故秀而不实，尼父为之叹息。"
胸中甲兵		【胸中甲兵】xiōng zhōng jiǎ bīng 甲兵：军队，此指用兵的谋略。《魏书·崔浩传》："世祖指浩以示之，曰：'汝曹视此人，尫纤懦弱，手不能弯弓持矛，其胸中所怀，乃逾于甲兵。'"后用"胸中甲兵"比喻人有用兵的谋略。《三国演义》三三回："天生郭奉孝，豪杰冠群英。腹内藏经史，胸中隐甲兵。远谋如范蠡，决策似陈平。"
掩鼻而过		【掩鼻而过】yǎn bí ér guò 捂着鼻子经过那儿。形容对肮脏、发臭的东西的嫌恶。《孟子·离娄下》："西子蒙不洁，人皆掩鼻而过之。"
寻行数墨		【寻行数墨】xún háng shǔ mò 墨：指字。顺着行数字。形容读书只拘泥于字句，专在文字上下工夫，不顾通篇大义。宋·释道原《景德传灯录》："不解佛法圆通，徒劳寻行数墨。"也比喻疏通字句。明·陶宗仪《辍耕录》："《潭贴》乃僧希白所摸，有江左风味，工于摹字，拙于寻行数墨，文理错谬，如难读何！"

智尽能索		【智尽能索】zhì jìn néng suǒ 索：尽。指智慧和能力都用尽了。《史记·货殖列传》：“此有知尽能索耳，终不余力而让财矣。”知：同“智”。
越俎代庖		【越俎代庖】yuè zǔ dài páo 越：跨过；俎：古代祭祀时摆牛羊等祭品的礼器；庖：庖人，厨师。主祭的、赞礼的跨过礼器去代替厨师办席。比喻越权办事或抢做别人的事情。《庄子·逍遥游》：“庖人虽不治庖，尸、祝不越樽俎而代之矣。”
再作冯妇		【再作冯妇】zài zuò féng fù 《孟子·尽心下》：“晋人有冯妇者，善搏虎，卒为善士。则之野，有众逐虎。虎负嵎，莫之敢撄。望见冯妇，趋而迎之。冯妇攘臂下车，众皆悦之。“后用”再作冯妇”比喻重操旧业。
争长论短		【争长论短】zhēng cháng lùn duǎn 指争论是非。多指为了小事而争斗。《初刻拍案惊奇》卷二〇：“当下一边是落难之际，一边是富厚之家，并不消争长论短，自己一说一中。”

一波三折		【一波三折】yī bō sān zhé 波：书法中的捺；折：转换笔锋的方向。晋·王羲之《题卫夫人笔阵图后》："每作一波，常三过折笔。"后来转用以形容文章结构的曲折起伏，也比喻事情进行中阻碍曲折很多。
销声匿迹		【销声匿迹】xiāo shēng nì jì 销声：消除声音。匿迹：隐匿踪迹。《艺文类聚》卷三六引北周·庾信《五月披裘负薪画赞》："披裘当夏，俗外为心，虽逢季子，不拾遗金，禽巢欲远，鱼穴惟深，消声灭迹，何必山林！"消：同"销"。后多作"销声匿迹"，指隐藏起来或不公开露面。《官场现形记》二九回："从此这时筱仁赛如拨云雾而见青天，在京城里面着实有点声光，不像从前的销声匿迹了。"
心烦技痒		【心烦技痒】xīn fán jì yǎng 烦：烦躁；技痒：指人擅长某种技艺想要表现一下。形容擅长及爱好某种技艺，一遇机会就急于表现的情态。《文选·潘岳〈射雉赋〉》："徒心烦而技痒。"
先入之见		【先入之见】xiān rù zhī jiàn 事先在头脑中形成的见解。即成见。清·刘廷谏《与缪西溪先生》："从来惟空怀守气，可以一日，可以百年，盖空则无先入之见，平则无据胜之形。"

知难而退		【知难而退】zhī nán ér tuì 《左传·宣公十二年》："见可而进，知难而退，军之善政也。"原指作战时相机行事，遇到不利情况应及时退避。后指碰到困难就退缩。
张牙舞爪		【张牙舞爪】zhāng yá wǔ zhǎo 张：显露，张开。形容猛兽凶猛的样子。《水浒传》四三回："这小大虫被搠得慌，也张牙舞爪，钻向前来。"《野叟曝言》一〇一回："忽地阵门一开，拥出虎豹犀象，张牙舞爪飞扑过来。"也形容人凶狠猖狂的样子。《初刻拍案惊奇》卷八："有一等做公子的，倚靠着父兄势力，张牙舞爪，诈害乡民。"
跃然纸上		【跃然纸上】yuè rán zhǐ shàng 跃然：活跃的样子。活跃地呈现在纸上。形容叙述描写真实生动。清·薛雪《一瓢诗话》三三："如此体会，则诗神诗旨，跃然纸上。"
纡尊降贵		【纡尊降贵】yū zūn jiàng guì 纡：屈抑，委屈；尊：地位高。旧指地位高的人自动降低身分。梁·简文帝《昭明太子集序》："降贵纡尊，躬刊手掇。"掇，选取。

养尊处优		【养尊处优】yǎng zūn chǔ yōu 指生活环境优裕，地位尊贵。宋·苏洵《上韩枢密书》："天子者，养尊而处优，树恩而收名，与天下为喜乐者也。"
燕颔虎颈		【燕颔虎颈】yàn hàn hǔ jǐng 形容相貌威武。《后汉书·班超传》："超问其状，相者指曰：'生燕颔虎颈，飞而食肉，此万里侯相也。'"
行远自迩		【行远自迩】xíng yuǎn zì ěr 迩：近。《礼记·中庸》："君子之道，辟如行远必自迩，辟如登高必自卑。"意为走远路必须从最近的一步走起。后用"行远自迩"比喻做事情得由浅入深，一步步前进。《北齐书·魏收传》："跬步无已，至于千里；覆一篑进，及于万仞。故云行远自迩，登高自卑，可大可久，与世推移。"
仰事俯畜		【仰事俯畜】yǎng shì fǔ xù 对上侍奉父母，对下养活妻子、儿女。《孟子·梁惠王上》："仰足以事父母，俯足以畜妻子。"后用来泛指维持一家生活。

在所难免		【在所难免】zài suǒ nán miǎn 指不易避免。《活地狱》九回："或者阳示和好，暗施奸刁的，亦在所难免。"
折戟沉沙		【折戟沉沙】zhé jǐ chén shā 戟：古代的一种兵器。断的戟埋在沙里。形容惨败。唐·杜牧《赤壁》诗："折戟沉沙铁未销，自将磨洗认前朝。"
知雄守雌		【知雄守雌】zhī xióng shǒu cí 雌：雌伏，不倔强。《老子》："知其雄，守其雌，为天下谿。"意思是，虽然知道什么是雄强，却要安于柔雌而不与人争。这是古代道家的一种消极处世态度。
知人论世		【知人论世】zhī rén lùn shì 《孟子·万章下》："颂其诗，读其书，不知其人可乎？是以论其世也。"意为只有了解作者所处的时代，才能理解作者，后用"知人论世"指了解人物，评论世事。清·袁枚《小仓山房尺牍·再答稚存》："足下引仗马不鸣相诮，于知人论世之道，尤为疏谬。"

心力交瘁		【心力交瘁】xīn lì jiāo cuì 交：一齐，同时。瘁：过度劳累。精神和体力都极度劳累。清·百一居士《壶天录》卷上：“由此心力交瘁，患疾遂卒。”
小手小脚		【小手小脚】xiǎo shǒu xiǎo jiǎo 形容做事放不开手脚。峻青《海啸》四章：“可是，你喝起酒来，却小手小脚的。这未免和你的身份不相称吧。”
叶落知秋		【叶落知秋】yè luò zhī qiū 从一片落叶可以知道秋天的到来。《五灯会元·无童华禅师法嗣》：“动弦别曲，叶落知秋，举一明三。”
一败如水		【一败如水】yī bài rú shuǐ 形容军队打了败仗，就像水泼到地上那样不可收拾。

智圆行方		【智圆行方】zhì yuán xíng fāng 《文子·微有》："凡人之道，心欲小，志欲大；智欲圆，行欲方。"后用"智圆行方"指思考问题要变通灵活，行为则要端正不苟。明·张居正《襄毅杨公墓志铭》："维公之德，智圆行方，忠不近名，言不泥常。"
跃跃欲试		【跃跃欲试】yuè yuè yù shì 跃跃：迫切想要行动。欲：要。形容迫切地想试试。《官场现形记》三五回："一席话说得唐二乱子心痒难抓，跃跃欲试。"
运斤成风		【运斤成风】yùn jīn chéng fēng 斤：斧。《庄子·徐无鬼》："郢人垩漫其鼻端，若蝇翼，使匠石斫之。匠石运斤成风，听而斫之，尽垩而鼻不伤。"后用"运斤成风"形容技法纯熟。
贼去关门		【贼去关门】zéi qù guān mén 比喻发生问题后才采取防范措施。《五灯会元·倾心法瑫宗一禅师》："师曰：'汝适来问甚么？'曰：'若不遇于师，几成走作？'师曰：'贼去关后门。'"

心慕手追		【心慕手追】xīn mù shǒu zhuī 慕：仰慕；追：仿照。心里爱慕，手里仿效。形容对技艺的竭力仿效。《晋书·王羲之传赞》："心慕手追，此人而已。"
下马威		【下马威】xià mǎ wēi 原指封建时代官吏一到任，就装腔作势，用严法处分下属，显示他的威风。后泛指一开头就向对方显示一点厉害。原作"下车作威"。《汉书·序传》："定襄闻（班）伯素贵，年少，自请治剧，畏其下车作威，吏民竦息。"清·李渔《蜃中楼·抗姻》："取家法过来，待我赏他个下马威。"
弦外之音		【弦外之音】xián wài zhī yīn 弦：乐器上发音的丝线。比喻言外之意。即在话里间接透露、而不是明说出来的意思。清·袁枚《随园诗话》卷八："如作近体短章，不是半吞半吐，超超元箸，断不能得弦外之音，甘余之味。"
相煎太急		【相煎太急】xiāng jiān tài jí 南朝宋·刘义庆《世说新语·文学》里说，曹丕要借故杀害他的弟弟曹植，曾命令曹植七步写成一首诗，不能完成就要杀他。曹植当即作出一首诗："煮豆持作羹，漉菽以为汁，萁在釜下燃，豆在釜中泣。本是同根生，相煎何太急。"后来就用"煮豆燃萁"或"相煎太急"形容兄弟或内部之间的残杀或迫害。

直截了当		【直截了当】zhí jié liǎo dàng 直截：不拐弯子。了当：爽快。指言行简单爽快。
玉石俱焚		【玉石俱焚】yù shí jù fén 俱：一起。焚：烧。比喻好坏不分，一同毁坏。《尚书·胤征》："火炎昆冈，玉石俱焚。"
远交近攻		【远交近攻】yuǎn jiāo jìn gōng 战国时期秦国采取的一种外交策略，联络与自己相距远的国家，进攻邻近的国家。后也指为人处世的一种手段。《战国策·秦第三》："王不如远交而近攻，得寸则王之寸，得尺亦王之尺也。"
支离破碎		【支离破碎】zhī lí pò suì 支离：分散。形容零碎、不完整。明·何良俊《四友斋丛说》卷四："此解支离破碎，全失立言之意。"

一至于此		【一至于此】yī zhì yú cǐ 一：竟，竟然。竟然到了这样的地步。
一决胜负		【一决胜负】yī jué shèng fù 决：决定。指通过战斗或比赛决定胜负、高低。
一言不发		【一言不发】yī yán bù fā 一句话也不说。
一针一线		【一针一线】yī zhēn yī xiàn 比喻极其细微的东西。

一元复始		【一元复始】yī yuán fù shǐ 一元：原指宇宙最初形成时天地不分的混沌状态，后泛指事物的开始。复始：重新开始。指新的一年的开始。
一无所获		【一无所获】yī wú suǒ huò 什么也没有得到。指毫无收获。
一人毁誉		【一人毁誉】yī rén huǐ yù 毁：毁谤。誉：称誉。一个人的毁谤或赞誉。指仅凭个人的意志决定人事。
一了百当		【一了百当】yī liǎo bǎi dàng 了：结束，完毕。当：妥当，合宜。形容大小事情都料理得妥当、彻底。

一无所有		【一无所有】yī wú suǒ yǒu 什么也没有。指钱财，也指成绩、知识。
衣架饭囊		【衣架饭囊】yī jià fàn náng 囊：口袋。比喻无用的人。
兴味索然		【兴味索然】xìng wèi suǒ rán 索然：毫无兴趣的样子。指一点兴趣也没有。清·王韬《瀛壖杂志》卷一："卓午来游者，络绎不绝，溽郁，看花之兴味索然矣。"
扬长而去		【扬长而去】yáng cháng ér qù 大模大样地离开。《封神榜》一一二回："飞虎眼望着钦差告辞翻身上马扬长而去，这才回身进了银安大殿，归位坐下。"

以邻为壑		【以邻为壑】yǐ lín wéi hè 壑：深沟。《孟子·告子下》：“禹之治水，水之道也，是故禹以四海为壑。今吾子以邻国为壑。”意为把邻国当成排洪水的沟壑。后用“以邻为壑”比喻把困难、灾祸推给别人。宋·文天祥《知潮州寺丞东岩洪公行状》：“公智虑深达，如宿将持重而规画绵络，不以邻为壑也。”
异乎寻常		【异乎寻常】yì hū xún cháng 异：不同。寻常：平常。与平常的情况不一样。《二十年目睹之怪现状》七〇回：“耽误了点年纪，还没有甚么要紧，还把他的脾气惯得异乎寻常的出奇。”
遗老遗少		【遗老遗少】yí lǎo yí shào 遗老：旧指前朝的旧臣；遗少：留恋旧时代的少年人。也泛指留恋过去、思想顽固陈旧的人。
一无长物		【一无长物】yī wú cháng wù 一：都，全。形容一点多余的东西也没有。原指生活俭朴，现形容贫穷。南朝·宋·刘义庆《世说新语·德行》“王恭对曰：‘丈人不悉恭，恭作人无长物。’”

睚眦必报		【睚眦必报】yá zì bì bào 睚眦：发怒时和人瞪眼睛。瞪一下眼这样的小怨恨也要报复。《史记·范睢蔡泽列传》："一饭之德必偿，睚眦之怨必报。"后用睚眦必报形容人心胸狭窄，气量小。
言近旨远		【言近旨远】yán jìn zhǐ yuǎn 旨：意旨。《孟子·尽心下》："言近而指远者，善言也。"指：同"旨"。后用"言近旨远"指话语浅显，而含义却很深刻。《镜花缘》一八回："其书阐发孔孟大旨，殚尽心力，折衷旧解，言近旨远，文简义明，一经诵习，圣贤之道莫不灿然在目。"
胸无宿物		【胸无宿物】xiōng wú sù wù 宿物：旧有的东西，这里指成见。《世说新语·赏誉》："庾赤玉胸中无宿物。"后用"胸无宿物"指为人坦诚，没有成见。《聊斋志异·狐梦》："毕为人坦直，胸无宿物，微泄之。"
形影相吊		【形影相吊】xíng yǐng xiāng diào 吊：慰问。只有自己的身体和影子相互慰问。形容无依无靠，非常孤单。三国魏·曹植《上责躬表》："形影相吊，五情愧赧。"

一张一弛		【一张一弛】yī zhāng yī chí 张：拉开弓，比喻严，紧张。弛：放松弓弦，比喻宽，松弛。《礼记·杂记下》："张而不弛，文武弗能也；弛而不张，文武弗为也。一张一弛，文武之道也。"原指宽严结合，是文王、武王治理国家的法则。后多比喻要劳逸相结合。也指一下紧张，一下松弛。明·李贤《赐游西苑记》："夫一张一弛，文武之道。赐游西苑，有弛之意焉。"
一五一十		【一五一十】yī wú yī shí 五、十：计数单位。五个、十个地将数目点清。比喻从头到尾，源源本本，没有遗漏。也形容查点数目。
因小见大		【因小见大】yīn xiǎo jiàn dà 从小地方、小事情看出大问题。
一丝一毫		【一丝一毫】yī sī yī háo 丝：长度单位，十丝为毫。毫：长度单位，十毫为一厘。形容极少的一点。《二刻拍案惊奇》卷二四："向者所借银两，今不敢求还；任凭尊意，应济多少，一丝一毫，尽算是尊赐罢了。"

寻事生非		【寻事生非】xún shì shēng fēi 故意寻找事端，引起纠纷。巴金《秋》三八："都是我不好，把大少爷拉去料理倩儿的事情，给大少爷招麻烦。不然四太太怎么会找大少爷寻事生非。"
言过其实		【言过其实】yán guò qí shí 原指言语虚夸，与实际才干不符。《三国志·蜀书·马良传》："先主临薨，谓亮曰：'马谡言过其实，不可大用，君其察之。'"后多指言语与实际不符，过于夸大。
血口喷入		【血口喷人】xuè kǒu pēn rén 比喻用恶毒的话诬蔑或辱骂别人。《封神榜》三〇回："苍天呀，苍天呀！我姜后造下什么冤仇冤孽，今日被这条杀剐的囚徒如此血口喷人，害的我受此狠毒的非刑？"
言行不一		【言行不一】yán xíng bù yī 说的和做的不一致。《逸周书·官人》："言行不类，终始相悖。"（类，相似。）

隐晦曲折		【隐晦曲折】yǐn huì qū zhé 隐晦：不明显。指写文章或说话时用隐隐约约、转弯抹角的方式来表达某种思想。
一无可取		【一无可取】yī wú kě qǔ 没有一点值得肯定的地方。《醒世恒言》卷二九："原来这俗物，一无可取，都只管来缠账，几乎错认了。"
一息尚存		【一息尚存】yī xī shàng cún 一息：一口气。还有一口气。表示直到生命的最后阶段。《论语·泰伯》宋·朱熹集注："一息尚存，此志不容少懈，可谓远矣。"
应对如流		【应对如流】yìng duì rú liú 答话像流水一样顺畅。形容人思维敏捷，口才好。《三国演义》一六回："操见翊应对如流，甚爱之，欲用为谋士。"

烟视媚行		【烟视媚行】yān shì mèi xíng 烟视：眯着眼看；媚行：慢慢地走。形容腼腆害羞的样子。《吕氏春秋·不屈》："人有新取妇者，妇至，宜安矜，烟视媚行。"
虚应故事		【虚应故事】xū yìng gù shì 故事：过去的事例；成例。宋·苏轼《御试制科策》："所为亲策贤良之士者，以应故事而已，岂以臣言为真足以有感于陛下耶！"后用"虚应故事"指按照以前的成例应付，不认真对待，敷衍了事。明·余继登《曲故纪闻》卷一四："然发下所司施行者，多因不便己私，托以他故，妄奏不行，或有施行亦虚应故事。"
奄奄一息		【奄奄一息】yǎn yǎn yī xī 奄奄：形容气息微弱。指生命垂危。《红楼梦》一〇五回："贾母奄奄一息的，微开双目说：'我的儿，不想还见得着你！'一声未了，便嚎啕的哭起来。"
偃武修文		【偃武修文】yǎn wǔ xiū wén 停止武备，倡导文教。《尚书·武成》："王来自商，至于丰，乃偃武修文，归马于华山之阳，放牛于桃林之野。"

一塌糊涂		【一塌糊涂】yī tā hú tú 形容事情很糟，很乱。也泛指程度深。《孽海花》三〇回："与其顾惜场面、硬充好汉，到临了弄的一塌糊涂，还不如一老一实，揭破真情，自寻生路。"
引足救经		【引足救经】yǐn zú jiù jīng 引：拉；经：缢，上吊自杀。拉着上吊的人的脚来解救他。比喻行为与目的相反。《荀子·仲尼》："是犹伏而咶（shì）天，救经而引其足也。"
异端邪说		【异端邪说】yì duān xié shuō 异端：不同于正统思想的观点、教义。邪说：有害的学说。指错误的、不是正统的观点、言论。宋·苏轼《拟进士廷试策》："臣不意异端邪说惑误陛下至于如此。"
移樽就教		【移樽就教】yí zūn jiù jiào 樽：古代的盛酒器皿。就：接近，靠近。端着酒杯坐到对方面前，以便请教。指主动向对方请教。《镜花缘》三七回："是舅母岳母移樽就教，给他父母贺喜。"

言不及义		【言不及义】yán bù jí yì 义：义理，事理。指谈论的不是正经的事。《论语·卫灵公》："群居终日，言不及义。"
修旧利废		【修旧利废】xiū jiù lì fèi 《史记·太史公自序》："幽、厉之后，王道缺，礼乐衰，孔子修旧起废，论《诗》《书》，作《春秋》，则学者至今则之。"意为修复、起用旧有的、已被废弃的事物。后用"修旧利废"指修复破旧的东西，把废物利用起来。
烟霞痼疾		【烟霞痼疾】yān xiá gù jí 爱好山水成为不可改变的癖好。元·潘音《反北山嘲》诗："烟霞成痼癖，声价藉巢由。"（巢由，巢父和许由。）
哑口无言		【哑口无言】yǎ kǒu wú yán 指像哑巴一样说不出话来。也形容理屈词穷的样子。

鱼鱼雅雅		【鱼鱼雅雅】yú yú yǎ yǎ 形容威仪整肃。唐·韩愈《元和圣德诗》："驾龙十二，鱼鱼雅雅。"（龙，指马。）
饮鸩止渴		【饮鸩止渴】yǐn zhèn zhǐ kě 鸩：毒酒。《后汉书·霍谞传》："譬犹疗饥于附子，止渴于鸩毒，未入肠胃，已经咽喉。"指用附子解饿，用毒酒止渴，还未到肠胃，咽喉就先烂了。且用"饮鸩止渴"比喻用有害的方法解决面临的困难，而不顾后果。
迎头痛击		【迎头痛击】yíng tóu tòng jī 迎上前去给以狠狠的打击。《发财秘诀》一〇回："倘使此辈都是识时务熟兵机之员，外人扰我海疆时，迎头痛击，杀他个片甲不回。"
一手包办		【一手包办】yī shǒu bāo bàn 一个人独揽，不容别人插手。

感人肺腑		【感人肺腑】gǎn rén fèi fǔ 肺腑：指内心深处。唐·刘禹锡《唐故相国李公集纪》：“今考其文至论事疏，感人肺腑，毛发皆耸“。后多作“感人肺腑”，形容使人内心深受感动。
文房四宝		【文房四宝】wén fáng sì bǎo 指纸墨笔砚四种文具。宋·梅尧臣《九月六日登舟再和潘歙州纸砚》诗：“文房四宝出二郡，迩来赏爱君与子。”
巍然屹立		【巍然屹立】wēi rán yì lì 巍然：高大雄伟的样子。屹：山势高耸直立的样子。比喻像高山一样直立地上，不可动摇。
各人自扫门前雪 莫管他人瓦上霜		【各人自扫门前雪，莫管他人瓦上霜】gè rén zì sǎo mén qián xuě, mò guǎn tā rén wǎ shàng shuāng 见《古今谭概》载蜀人杜涓倡酒令。现在比喻只管自己的那一份，不管别人事情的那种个人主义、本位主义的做法。

付诸东流		【付诸东流】fù zhū dōng liú 付：交给。东流：向东流的水。交给向东流去的水，再也回不来了，表示完全丧失或希望落空。唐·薛逢《惊秋》诗："露竹风蝉昨夜秋，百年心事付东流。"
月下老人		【月下老人】yuè xià lǎo rén 唐·李复言《续玄怪录》载：有人月夜见一老人，在翻检书本。一问才知是天下婚姻簿册。老人携带的布囊中还有红绳，专门用来拴夫妻的脚。后称传说中掌管婚姻的神为月下老人。也指媒人。《水浒后传》一二回："虽在海外，也是一国驸马，富贵无穷，况天缘是月下老人赤绳系定的，不必多疑。"
凿壁偷光		
	【凿壁偷光】záo bì tōu guāng 晋·葛洪《西京杂记》卷二："匡衡，字稚圭，勤学而无烛。邻舍有烛而不逮，衡乃穿壁引其光，以光映书而读之。"后用"凿壁偷光"指勤奋学习。《敦煌曲子词·菩萨蛮》："数年学剑工书苦，也曾凿壁偷光路。"	

翻箱倒柜		【翻箱倒柜】fān xiāng dǎo guì 形容彻底地翻检。现有时比喻毫无保留地发表意见。
俯拾即是		【俯拾即是】fǔ shí jí shì 俯：低头，弯腰、只要俯下身子去拾取，到处都是那些东西。形容为数很多而且容易得到。
好整以暇		【好整以暇】hào zhěng yǐ xiá 好：喜爱。整：严整，有秩序。以：连词，相当于“而”。暇：不显紧迫。形容既严整而又从容自如。后指在繁忙中也显得从容不迫。
好大喜功		【好大喜功】hào dà xǐ gōng 好：爱好，喜欢。功：功绩，成就。原指封建帝王喜好扩大疆土，炫耀武功。后指做事浮夸不实，贪大求功。

尽如人意		【尽如人意】jìn rú rén yì 尽：完全。如：符合，遵从。完全符合人们的心意。形容心满意足。用来形容非常满意。
竭泽而渔		【竭泽而渔】jié zé ér yú 竭：弄尽。泽：池塘。渔：捕鱼。放干池塘的水把鱼捕尽。比喻做事只图眼前利益，不考虑长远利益，不留余地。也比喻残酷榨取。
近在眉睫		【近在眉睫】jìn zài méi jié 睫：眼睫毛。近得像在眼前一样。也形容事情紧迫。用于指距离近或事情紧急。
狼心狗肺		【狼心狗肺】láng xīn gǒu fèi 比喻心肠如狼和狗一样凶恶、狠毒。也比喻忘恩负义。

不甘后人		【不甘后人】bù gān hòu rén 甘：甘心，情愿。不甘心落在别人后面。
操奇计赢		【操奇计赢】cāo qí jì yíng 操：掌握。奇：指供不应求的奇货。赢：利润。以奇货可居获取暴利。
襟怀坦白		【襟怀坦白】jīn huái tǎn bái 襟怀：胸怀。坦白：坦率。形容心地纯洁，光明正大。
餐风饮露		【餐风饮露】cān fēng yǐn lù 吃的是风，喝的是露水。形容长途跋涉或野外生活的艰苦。

平白无故		【平白无故】píng bái wú gù 平白：凭空。故：缘故，原因。没有任何理由，没有任何原因。
弃瑕录用		【弃瑕录用】qì xiá lù yòng 弃：舍弃。瑕：玉上的斑点，比喻错误或失误。录用：录取任用。不计较其已往过错，予以任用。指放手使用曾犯过错误的人。
期期艾艾		【期期艾艾】qī qī ài ài 期期：形容说话口吃。艾艾：形容三国魏人邓艾说话口吃的样子。后把“期期”、“艾艾”连用，形容口吃，说话不利索。
琪花瑶草		【琪花瑶草】qí huā yáo cǎo 琪、瑶：美玉。古人想象中仙境里的花草。也形容晶莹美丽的花草。

流水高山		【流水高山】liú shuǐ gāo shān 《列子·汤问》记载，俞伯牙善于弹琴，钟子期对音乐的欣赏能力很强。有一次俞伯牙弹琴时心里想着高山，钟子期听了说："善哉，峨峨兮若泰山！"伯牙又想着流水，钟子期听了说："善哉，洋洋乎若江河"后来就用"高山流水"或"流水高山"比喻知己或知音。也比喻乐曲高妙。
漏脯充饥		【漏脯充饥】lòu pǔ chōng jī 漏，臭；脯：肉干。拿腐臭的肉干充饥。比喻只顾眼前，不想后患。
聊以塞责		【聊以塞责】liáo yǐ sè zé 聊：姑且。塞：搪塞，应付。姑且用以搪塞、应付自己应该担负的责任。
露马脚		【露马脚】lòu mǎ jiǎo 比喻无意中露出真相。含贬义。《元曲选·无名氏<陈州粜米>三》："这一来只怕我们露出马脚来了。"

情急智生		【情急智生】qíng jí zhì shēng 情况急迫时突然想出了办法。
人面兽心		【人面兽心】rén miàn shòu xīn 外貌是人而内心像野兽。原意为不识道义，后指人品质恶劣，外貌像人，内心狠毒，有如野兽一般凶恶残暴。
人死留名		【人死留名】rén sǐ liú míng 生前建功立业，死后才能留下声名。
人尽其才		【人尽其才】rén jìn qí cái 每个人都能充分发挥自己的才能。

文质彬彬		【文质彬彬】wén zhì bīn bīn 文：文采。质：本质。彬彬：谐调配合。形容人既有文采，又很质朴。后多指人举止文雅，态度从容。也指文学作品内容与形式的和谐统一。
味如嚼蜡		【味如嚼蜡】wèi rú jiáo là 味道像嚼蜡一样。比喻没味道，没意思。多指文章或讲话枯燥无味。
一串骊珠		【一串骊珠】yī chuàn lí zhū 骊珠：一种名贵的珍珠，传说出自骊龙颔下。形容歌声宛转动听就像成串的珍珠一样。
一傅众咻		【一傅众咻】yī fù zhòng xiū 傅：教导。咻：吵嚷。一人教导，多人干扰。比喻因受不良环境的干扰而使事情不能成功。

文以载道		【文以载道】wén yǐ zài dào 载：装载，引申为阐明。道：道理，原指封建伦理道德的准则，现在泛指思想。文章是用来记载、阐发道理或思想的。
一国三公		【一国三公】yī guó sān gōng 公：春秋战国时对诸侯国国君的通称。一个国家有三个国君。比喻政出多门，权力不统一。
一蹴而就		【一蹴而就】yī cù ér jiù 蹴：踏。就：成功。踏一步便到达了。形容非常容易取得成功。
文不加点		【文不加点】wén bù jiā diǎn 加点：写文章时有所增删，加以点抹。文章一气写成，没有删改。形容文思敏捷，下笔成章。

群轻折轴		【群轻折轴】qún qīng zhé zhóu 大量载装体轻的物体也能折断车轴。比喻小问题也可以酿成大祸患。
仁人志士		【仁人志士】rén rén zhì shì 指有宏伟志向和高尚道德的人。也泛指爱国进步人士。
人亡物在		【人亡物在】rén wáng wù zài 亡：死。人死了，但生前的东西还在。指因见遗物而引起了对死者的怀念和感慨之情。
人给家足		【人给家足】rén jǐ jiā zú 人人饱暖，家家富裕。《史记·太史公自序》：“要曰强本节用，则人给家足之道也。”

一触即发		【一触即发】yī chù jí fā 触：绊动，碰到。即：就，立即。发：发射。原指箭在弓弩之上，放开手或踏动机弩便会飞射出去。比喻事态已发展到异常紧张的程度，一经触动便会爆发。
文恬武嬉		【文恬武嬉】wén tián wǔ xī 文：文官。恬：安闲。武：武将。嬉：嬉戏。指文武官吏都贪图安逸享乐，不问国事。
一场春梦		【一场春梦】yī chǎng chūn mèng 一场春宵好梦。比喻世事无常，转眼成空。也比喻愿望或计划落空。
一寒如此		【一寒如此】yī hán rú cǐ 一：竟然。寒：穷困。竟然穷困到这种地步。指穷困到了极点。

群魔乱舞		【群魔乱舞】qún mó luàn wǔ 比喻众多的坏人肆无忌惮，活动猖狂。
日薄西山		【日薄西山】rì bó xī shān　薄：迫近。太阳迫近西山，即将落下。比喻人到老年或事物衰微接近死亡。
人一己百		【人一己百】rén yī jǐ bǎi　别人花一份气力，自己用百倍的气力。指以百倍的努力赶上别人。
人间地狱		【人间地狱】rén jiān dì yù 比喻社会黑暗，人民生活极其悲惨的境况。

一吐为快		【一吐为快】yī tǔ wéi kuài 吐：倾吐。快：痛快，畅快。一下子全说出来才感到畅快。
一手运承		【一手运承】yī shǒu yùn chéng 运承：操作，办理。指一个人独立处理。
一丸可封		【一丸可封】yī wán kě fēng 封：封堵。用一团小泥丸就可以把函谷关封堵住。比喻地势险要，用少量兵力即可固守。
一石二鸟		【一石二鸟】yī shí èr niǎo 一块石头击中两只鸟。比喻做一件事得到两方面的好处。

一言一行		【一言一行】yī yán yī xíng 一句话，一个行动。
一孔之见	 （小篆体）	【一孔之见】yī kǒng zhī jiàn 孔：小洞，窟窿。从一个小窟窿里所能看到的。比喻狭隘片面的见解。
一无所求		【一无所求】yī wú suǒ qiú 没有什么要求或需要。
一心二用		【一心二用】yī xīn èr yòng 把心思同时用在两件事上。表示不专心致志。

一夕九升		【一夕九升】yī xī jiǔ shēng 夕：夜。九：虚指，表多数。升：兴起。一夜之间起伏波动多次。形容心绪很不安定。
一刀两段		【一刀两段】yī dāo liǎng duàn 比喻坚决地断绝关系。
一匡天下		【一匡天下】yī kuāng tiān xià 匡：匡正、扶正。使天下得到匡正。形容纠正混乱的局面，使一切走上正轨。
一丝不挂		【一丝不挂】yī sī bù guà 佛教用语。本指钓竿不系丝线。比喻没有任何尘俗的牵累。后多形容赤身裸体。也形容不加装饰，显露全部真相。

一士之智		【一士之智】yī shì zhī zhì 一个人的智慧。指有限的才智。
一心无二		【一心无二】yī xīn wú èr 二：指另外的想法。专心致志，没有别的想法。
一口咬定		【一口咬定】yī kǒu yǎo dìng 比喻坚持一个说法，绝不改口。
一年半载		【一年半载】yī nián bàn zǎi 载：年。一年或半年。泛指一段时间。

一世龙门		【一世龙门】yī shì lóng mén 比喻备受一代文人崇仰声望甚高的人物。
一灯如豆		【一灯如豆】yī dēng rú dòu 形容灯光暗淡微弱。
一动不动		【一动不动】yī dòng bù dòng 形容聚精会神或毫不移动的样子。
一走了之		【一走了之】yī zǒu liǎo zhī 了：了结。用离开、回避的办法来了结事情。

一飞冲天		【一飞冲天】yī fēi chōng tiān 一旦起飞，就直冲青天。比喻平日默默无闻，但突然间做出惊人的举动。
一见倾心		【一见倾心】yī jiàn qīng xīn 倾心：仰慕，爱慕。一见面就产生了倾慕之情。
一丝不乱		【一丝不乱】yī sī bù luàn 一丝：一点儿。形容整齐有序，一点儿也不紊乱。
一见如旧		【一见如旧】yī jiàn rú jiù 初次见面就很投合，像见到老朋友一样。

一世师表		【一世师表】yī shì shī biǎo 一世：一代。师表：学习的榜样。指足以供一代人效法，起表率作用的人。
一言兴邦		【一言兴邦】yī yán xīng bāng 兴：兴旺，兴盛。邦：国家。一句话使国家兴旺起来。今也泛指一句话使人受益或一句话使事物出现生机。
一手擎天		【一手擎天】yī shǒu qíng tiān 擎：托，举。一只手托住天。比喻独立支撑局面。
一心一计		【一心一计】yī xīn yī jì 原指两人心意相合。后指专心专意，没有他念。

套色木刻　鉴湖女侠秋瑾烈士图　　　　　作者：张望

《熊猫图》《鉴湖女侠秋瑾烈士图》两幅套色木刻作品，是已故世界著名版画家、教育家、原鲁迅美术学院院长张望（本书作者亲属）80年代的作品，由本书作者杨桂臣亲手拓制而成，纯属世上独一无二的孤品。在前辈去世后，上海博物馆将张望所有的作品、手稿及木刻作品的底版全部收集到“张望作品库”永久保存。

前辈严谨的学风、朴素的作风、高瞻远瞩的洞察力，作者自少年就记在心里。本书作者以孝敬之心，传承发扬之态度，用回报之情，再次说：请前辈放心，您的路我们会继续走下去的。

套色木刻　熊猫图　　　　　作者：张望

“中华石屋”四字，是已故中国著名鉴赏家、书法家、收藏家，原辽宁省博物馆馆长杨仁恺所题，90年代，杨先生应本书作者的邀请来到作者家，看完作者的工作室之后说：“工程浩大，传承和创新并举，中华奇才……”并伏案题下“中华石屋”四字。前辈时常教诲、指导“要立大志，多下功……”本书作者以感恩之心，并在此书出版之际深深地缅怀和重重地致谢恩师的鞭策和教诲。

同时感谢多年来一直鼓励支持我的朋友、亲属们。

杨桂民天命之年于沈阳